畫中無禪 惟畫通禪——

擔當及其繪畫之禪思

蘇原裕 著

推薦序
──破天破地，任運自在

　　儒道釋是中華文化兩千餘年來以來，逐步融會而成，你中有我，我中有你。今日儒家思想斷非只是原始儒家的孔孟之學，因為儒家透過政治現實功能而被普遍運用為政治思想，或者說政治人物假借儒家思想建立政治制度與言說。今日道家也絕非全然以先秦老莊思想為根本，爾後雜揉神仙思想以及原始薩滿，包括黃河流域生命禮俗的信仰、楚人信仰以及各地信仰，最終歸趨於張道陵開啟的道教。佛教思想本為外來思想，同樣早非釋尊在世時的原型。儒道釋三家在中華大地不斷與當地與外來思想融會，不斷演繹，不斷面對外部壓力，包括政治制度的壓力與迫害，思想家的攻擊，或者偉大思想家或者宗教家對於儒釋道的詮釋。誰能全面地或者適切地詮釋儒釋道三家思想與其蛻變呢？

　　因此，思想家或者宗教家往往站在自己本位來看到其他思想或者教派，儒者常以經世致用、忠君愛國思想為自己價值標準。如若涉及國家興亡之史觀，則不只操之於勝利者手中，對亡國之歷史、傳記，特別是國史，書寫者往往由勝利者的政治觀點來看待一切人物、事件、社會禮俗，故而排除紀錄者學養，或者私心自用之外，史家自然有其不得不然的價值觀，事實或者其解釋往往存在於遮蔽中。因此，傳記的運用必須特別謹慎，如果無法剖

離這層層迷障，恐無法真正窺見被立傳者真正的心靈世界呢？

　　擔當和尚（1593-1673）俗姓唐，名泰，字大來，普寧人，先世浙江淳安人，從戎鎮滇。擔當和尚，又名普荷、通荷，俗家時即以天資聰穎聞名，13 歲隨父北上補貢生，22 歲迎娶同邑黃麟之女為妻，33 歲應禮部貢生試入對大廷，同年隨董其昌習畫，李維楨習詩歌；34 歲與滇人蒼雪和尚同遊虎丘。蒼雪號南來，出家於昆明妙湛寺，為雞足山水月儒全侍者，被王漁洋推為三百年來第一禪僧。36 歲擔當由南京返滇途中拜會陳眉公；38 歲皈依浙江會稽參雲門湛然（1561-1626），法號通荷，應為正式習佛之記載。50 歲捨家至雞足山感通寺為行者，行者乃出家前的修行人，此時為崇禎十五年，明朝尚未亡國。崇禎十七年（1644）明朝國亡，全國震盪，遠在西南的雲滇隨之陷入戰火。相傳擔當禪師為土人沙定洲謀劃，趨兵昆明，驅趕雲南沐家沐天波出走楚雄。爾後，沙定洲為張獻忠餘部孫可望所敗，擔當被迫趨往雞足山，在大錯禪師引介下，於水目山依止無住和尚（1592-1664）座下剃染為僧。擔當爾後承嗣圓澄湛然的曹洞宗法脈，而非無住的臨濟門下。以上簡要之擔當生平，乃是文獻紀載，其心靈世界之轉化若非能詳加推敲與解讀難以一窺全貌。

　　除了佛教文獻之外，有關擔當和尚生前歷史背景之書籍，包括計六奇（1622-?）《明季南略》、李天根（生卒年不詳，大約生於康熙中葉）《嚼火集》、徐鼒（1810-1862）《小腆紀年》與《小腆紀傳》、倪在田（1842-1916）《續明記事本末》等著作，皆為南明史的重要典籍；這些書籍作者有明末清初學者，也有清朝盛期作者，還包括中晚期甚而民國時期作者。如此複雜而變動的歷史事件以及經歷兩百餘年來的史觀，這些作者心目中的南明史有

隱晦但卻蘊含濃厚遺民心情，也有早已價值觀淡然想直書其事實
卻史料蕩然。史學家或者傳記作家的生活經驗、學養或許能融鑄
成想像力，追索前人思緒於萬千。

　　有關僧人之研究，涉及史料記載、分析、比較、解釋以及評
價，從頭至尾存在著複雜問題；首先是史料紀載，官史被視為正
史，然而卻是站在勝利者眼中修史，私人做史或者紀錄雖非官史，
但是其情感與真實性或許更能符合史實，然而寫史卻是官史為先，
餘為稗史。其次則為局外人與局內人之別，儒者以身死社稷方為
忠貞，國已破亡，「平時袖手談心性，臨危一死報君王」卻又是
清初學者顏元對明代儒士黨爭以至於亡國的沉痛反省，夾私怨報
復政敵，毫不念及國家存亡，國破、異族入關，東林黨爭居然延
續到南明福王朝廷，死社稷者史可法，貳臣者錢謙益，擁戴忠君
之百姓則死，附逆者卻生存，世間之矛盾卻又如何觀之。上述皆
儒者價值觀的實踐、扭曲與現實抉擇，此寫史者之局內人之觀點，
反之，被視為方外人的僧人卻被加諸以儒士價值觀，有違於此者，
被稱為悖逆或者以己價值觀言其逃禪於山林，「逃」之一字貶抑
其栖隱之心，舉世滔滔，難道在死社稷、投降之外，沒有周全生
命的抉擇嗎？傳統儒家之氣節與生命觀，的確值得三思。三者，
書寫史書之儒者，並不了解叢林制度、儀軌、思想以及流派之別。
僧人者修行於叢林，依據清規、六和敬法同住寺院、或者雲遊參
訪，再者即便是僧人依然有所謂僧官制度制約。局外儒士寫局內
事，豈能全真。

　　史學家陳垣1940年出版《明季滇黔佛教考》，1941年出版《清
初僧諍記》，尤以後者研究更為重要，從臨濟宗與曹洞宗論爭到
新舊派論爭，涉及貳臣派僧人、思念前明僧人之論爭，最終還有

遺民與遺民僧人之論爭。這部著作寫作於抗戰時期局勢嚴峻之際，自然有其時代背景與情感，陳垣之史料選擇與評論當然受到時局影響，滇黔佛教因為陳垣而有新局。

　　觀擔當和尚初參圓澄湛然時已有剃染之志，乃因母健在有待奉養，世俗之孝已盡。母亡守孝後，遂入雞足山為行者，年已五十歲。素來儒士以科舉為能事，擔當長年為貢生，是否熱中舉子業不可知，斷難以家國前途無望後，方心生捨離思想，此皆世俗之價值觀。至於以唐泰之身分參與沙定洲起事之謀劃事跡，有待詳細考察，方足以釐清真相。再者，相關事略中提及 38 歲皈依湛然禪師，恐有誤，據年表當時湛然已經坐化。

　　擔當作品簡淡，偶仿元人畫風，然而大抵以倪雲林、米家山水為宗，書法足以媲美王鐸、傅青主，應為祝枝山後之偉大書家。觀其出家後之禪詩全無舉子氣，開闊自在，詩風類近石濤，於叢林必經一番生死淬鍊。

　　「太史堂高不可升，那知萬里有傳燈。從來多少江南秀，指點滇南說老僧。」這是他的〈山水冊頁〉之十六（紙本水墨，24.9x25.3 cm，現藏於北京故宮博物院）當中的落款，從中窺見擔當老年師從董其昌，晚年頗有自負之處。

　　「老來手拙性亦慳，得趣乃在遊戲間；篆籀可學筆不古，不如槃礴無稿山。」老友陳傳席在《中國繪畫理論史》對於這件〈無稿山水圖〉如下評述：

　　「『得趣乃在遊戲間』，可知其畫乃隨意而出，實則乃是他

（擔當）自己精神中所有，在遊戲禪悅中所得。〈無稿山〉即非來自真山，其山乃禪之化身也。他畫的乃是禪，非山也。」

頗有見地。禪有所謂向上一路，百尺竿頭。筆者在此進一步演繹擔當這首詩歌的旨趣，「手拙性慳」雖是自謙亦顯禪的孤高，「得趣乃在遊戲間」，六祖禪經有言：

> 「見性之人，立亦得，不立亦得，去來自在，無滯無礙，應用隨作，應語隨答，普見化身，不離自性，即得自在神通遊戲三昧，是明見性。」（慧能《六祖壇經》第八〈頓漸品〉）

照見本性的修行者，禪宗慣用掃除知障之法為「破」，乃是否定事物現實之永恆，「立」則是肯定與言說。故而「破」乃使參究者無立錐地，心生疑情。見性之人，任舉　物皆真，已經超越可否之對立。所謂遊戲並非一般之遊戲，而是「自在神通」的「遊戲三昧」，那是開悟的境界。「趣」乃是物與我泯滅之際的審美經驗。

「篆籀可學筆不古，不如槃礴無稿山。」當受董其昌教誨：「**士人作畫，當以草隸奇字之法為之。樹如屈鐵，山如畫沙，絕去甜俗……畫窠木中鋒用筆，篆籀筆法圓熟，線條如錐劃沙。**」出自董其昌《畫禪室隨筆》，正所謂使用古人筆墨表現今人面目，然而擔當則認為無須有草稿、古代筆法之限制，因此「不如槃礴無稿山」一者意味著專學古人筆法，依然無法與無草稿的真山水相比，進一層意義乃是心中的山水。創作者如見真性則來去自得，這種丘壑才是真正的心中丘壑。

擔當去世前留下禪偈：「天也破、地也破，認著擔當便錯過，舌頭已斷誰敢坐。」、「舌頭已斷誰敢坐」出自於黃檗希運對臨濟義玄所說「坐斷天下人舌頭」，坐斷乃是折斷之義，意思是令天下人言語不得。擔當在此表示自己的悟境，天地已破，任運自在，絕非肉體之我見。

擔當和尚一生波瀾萬狀，生於西南一隅，北上交接明末名士，奉母盡孝後出家為僧，激烈動盪之間有世間情仇，遁入叢林後，方生悟境。斷非心中雜錯著儒之忠君或者出離之心，那只是生命疑惑中的一時謎團，能照見自己本來面目方是禪和子，任運自在，筆墨不滯於物象，揮灑自由。

弱冠之年，余幸從明復法師遊。明公學問浩瀚，舉凡教內華嚴、天台、唯識、戒學皆能通透，教外則精於禪學，早歲修持藏密，爾後嗣臨濟法門，世學則及佛教藝術、詩詞歌賦、戲劇、史學之精研與實踐，於石濤、八大之僧人行跡、詩歌、繪畫以及思想皆有深入研究。明公出身於開封官宦世家，端午節生，民間習俗以該日生者及長剋父，故幼年一度為開封大相國寺沙彌；中學入教會學校，中西宗教教育幼年耳濡目染；抗戰軍興投筆從戎，入復旦大學教育系，響應十萬青年十萬軍號召而再入伍。戰後駐軍北平，北平被圍，撤軍來到台灣。後任步兵學校教職，奉母至孝，母逝，剃染出家。就中國大陸觀點而言，明公乃是近代遺民。暇時，余隨侍在側，觀其情懷、舉止，方知出家與遺民之別，出世與入世之異同。石濤、八大自然為昔日常有之話題，擔當、石溪大汕亦在明公坐下初次聽聞。此後，如有關擔當書籍或者書法皆格外關注。稿成適逢重陽節，此為慎終追遠之日，追憶昔日隨侍明公坐下見聞，緬懷萬一。

　　原裕兄多年來於叢林畫家研究砥礪於學，精進不已，本書出版前求序於余。余近六年來為公共行政事務所縛，加以四面八方稿約，總有精疲力盡之感。故而獨羨慕於原裕兄，得以專注於學，遨遊學海，讀其書內知其用功至深，特為小序。

　　大雅君子，此書出版或坐斷天下人舌頭，或為禪藝術下一轉語，心甚期許。

亞洲大學附屬現代美術館館長　潘襎

2023 年 10 月 22 日重陽節於冬山松影書齋

自序

　　在《徐渭──禪眼觀青藤大寫意畫》脫稿之後，心中一直有著一股未完成之感。是的，明代之禪畫，緊接著在徐渭之後，還有很重要之一家──擔當普荷禪師，他的山水畫被陳傳席教授譽為明代唯一真正的禪畫。徐渭之畫多半為花果蕉竹，而擔當則以山水畫為主。徐渭的禪法屬於臨濟宗之禪法，而擔當則屬於曹洞宗之傳承，兩者之禪風不同，其所繪畫出之畫作──雖同屬禪畫，然禪意、禪境自然有別。曹洞禪法以靜、寂為宗，不同於臨濟禪以棒喝較激烈之禪法。以繪畫來講，曹洞宗以輕筆淡墨、蕭簡枯寂為主，而非如臨濟宗以潑墨狂掃、墨瀋淋漓為主。徐渭其畫筆線嶙峋、墨瀋淋漓。而擔當其畫恬靜安適、雲烟瀰濛。徐渭之大寫意禪畫，潑墨、破墨，墨瀋淋漓，有如臨濟禪之棒喝，痛快淋漓。擔當之山水畫之水墨、筆線，如行雲流水、雲煙繚繞，「老衲筆尖無墨水，要從白處想鴻濛」，宛如曹洞之默而照、照而默，昭昭靈靈。因之而再著手述寫擔當繪畫之禪思，以完成有明一代之禪畫之論述。然而，因擔當身處西南邊陲地區，其名亦不傳於江南士人圈，其作品大半多遺留在雲南地區，以至於研究擔當之學者甚少，有關之著作、論述更是稀少，筆者僅能就此有限之資料、文獻來參酌，恐有所疏漏在所難免，懇請讀者學界先進們不吝予與批評指教，是幸！

　　明清之際，在滇南邊陲地區，出了一位詩書畫三絕之禪師─

一擔當普荷禪師，他以蕭疏、荒寒、冷逸之筆墨，寫出了其胸懷中之禪思。他的畫「畫中無禪，惟畫通禪」，洋溢著滿滿的禪意，堪稱得上是禪畫。

禪畫起源於晚唐、五代，盛行於南宋、元之時，然因被文人士大夫批評、排斥，嫌惡其「粗惡無古法，誠非雅玩。」、「僅可供僧房道舍，以助清幽耳。」到了明代初時，已消失殆盡，起而代之的是浙派、吳門之文人畫，松江畫派董其昌繼之。董其昌以禪論畫，提出「禪家有南北二宗，畫亦分南北二宗」，以王維為始之水墨畫，歷董源、米家父子、元四家為南宗之傳承，言彼等之畫意直承南宗禪之頓悟的意境。然這些畫家們，雖然董其昌言彼等為「南宗」畫家，然實屬於文人畫家之列，其畫頂多僅可列屬逸格之文人畫，雖有逸趣，然大多談不上具有幾許之禪意、禪境。另，董其昌雖倡言「畫禪」之說，然其自身之畫，「禪是自外而入」，非由己心中胸懷流露而出，陳傳席教授云：「明代山水畫真正稱得上禪的只有擔當一人而已」。

擔當三十三歲時，拜董其昌為師，隨之學習書畫。其繪畫初臨董源、米芾、元四家之畫，雖經董其昌之指導，但受董其昌之影響較大的則是其書法；他的畫上承襲了梁楷之「減筆」、牧谿之「隨筆點墨、意思簡當、不費妝飾」、玉澗之雲煙繚繞、煙雨濛濛之瀟湘之境，尤其是倪瓚之蕭疏、簡淡、逸格之「逸筆草草」的畫風，其詩云：「大半秋冬識我心，清霜幾點是寒林。荊關代降無蹤影，幸有倪存空谷音。」最重要的是來自於其自身之禪悟與其自心之禪思的影響。尤其是其晚年為僧後之作品，多禪意盎然，並且自創出風格。

　　一直以來大家皆以文人、遺民之身分，來探討、觀看擔當的詩、畫。然而擔當自云：「畫中無禪，惟畫通禪」、「若有一筆是畫也非畫，若無一筆是畫也非畫」、「千山只一揮，胸中墨水盡，紙上雪花飛。」、「老僧一掃盡成灰，筆下何曾有山水！」其詩、其畫充滿了禪意、禪境。本書將以禪的視角，來品賞擔當的「以禪意入畫、以畫示禪境」的禪畫。並分享筆者觀看擔當繪畫之禪思，並略述其畫中之禪意與禪境。然而禪意為不可說、禪境為不能狀，僅能請觀者自行意會！

目次

圖目次

第一章　序論

　　明末清初在西南邊陲滇南地區，出現了一位「詩書畫三絕」之禪師[1]——擔當普荷禪師，一般文、史論家都把擔當禪師看作是遺民、詩人、文人畫家，但是縱觀擔當一生之所為及其所遺留之詩作、畫作，他實具有雙重身份，一者因其出身官宦世家，始業儒，是為明代遺民書生之身份；再者因其習佛修禪有所悟道，在他的詩文、書畫之中充滿著禪味，是為禪者之身份。觀其詩集，尤其是為僧之後的《橛庵集》，多有禪詩；觀其繪畫，多有禪意盎然之畫作，即所謂之「禪畫」。

　　「禪畫」是什麼？什麼樣的畫才可謂為禪畫？禪畫一詞始創自日本，日本京都學派學者久松真一[2]云：

　　　　「禪畫是什麼？一般而言，像禪僧所畫的畫、或以有關禪的事物為題材的畫，大體上都可稱之為禪畫。但是，那樣的說法是不嚴密的。雖然是禪僧畫的畫，畫面上沒有表現

---

[1] 參見：〔明〕擔當著，余嘉華、楊開達點校，《擔當詩文全集》，《橛庵草》，〈寄答朱謝娛〉：「……一彈誇我詩，詩非大雅皆蕉詞；再彈誇我書，書無古趣皆墨豬；三彈誇我畫，畫為壁芥不可掛。誇者既誤茫無考，何以三絕誣我好？……」，頁 182。

[2] 久松真一（ひさまつ しんいち，1889-1980），自號「抱石庵」、「心茶道人」，日本哲學家、禪宗學者、茶道專家、京都大學教授並且擁有哈佛大學的榮譽博士學位，FAS 協會的創立人，是日本繼鈴木大拙之後最重要的佛教思想家，為近現代西田幾多郎創立的京都學派的主要之學者。

出禪意的畫，也不能說是禪畫（但是所畫的是嗣法禪僧祖師的畫像，並不見得必定有禪意之表現）。然而，縱使不是禪僧所畫的畫，如宮本二天等的繪畫，畫中禪意被生動的表現出來，那應是真正優美的禪畫。還有，即使題材沒有關於禪的事物，例如牧溪的六柿圖、宮本二天的百鳥圖等，禪意在畫中被生動的表現出來，亦應視為禪畫。因此，所謂的禪畫，即如禪僧所畫的畫、或題材為有關禪的事物等，並非是必要的條件，重要的是要在畫面上表現出禪意，才是第一要件。畫面上要表現出禪意，繪畫者本身必須有禪的體驗。禪的體驗是不需一定具備有關禪之知識，禪是生動的、活潑的體驗。」[3]

綜言之，禪畫是禪師或居士以「無造作、無是非、無取捨、無斷常、無凡、無聖」之平常心，[4] 以日常行住坐臥、應機接物之題材，把自己當下所感受到之禪意、禪境，用筆或手邊之任何工具，不假思索、一氣呵成，[5] 所繪成之繪畫。舉凡搬柴、運水、喫飯、睡覺皆可以是禪，皆可以入畫。「禪畫」之繪畫中具有禪機、禪意，但「禪畫」本身絕不是禪，它只是指月之指、渡河之筏。

---

[3]　詳見：日本，久松真一，《久松真一著作集第五卷》〈禪畫の本質〉，頁251-2。轉引自：蘇原裕撰，〈試論宋元時期禪畫特質〉，《中華佛學研究》，第二十期，頁199-200。

[4]　參見：《馬祖道一禪師廣錄（四家語錄卷一）》：「平常心是道，何謂平常心？無造作、無是非、無取捨、無斷常、無凡、無聖。」，（CBETA, X69, no. 1321, p. 3a13-14 // Z 2:24, p. 406c7-8 // R119, p. 812a7-8）。

[5]　參見：鈴木大拙言：「禪畫家……一旦拿起筆來……就不能隨便把筆放下來，直到完成為止，而且還一氣呵成，也不能加以修改……畫家的動作好像舞蹈家的動作，是一種受控制的自發活動─並非反覆無常的自發活動，這種自發活動的表現一直是禪家所保持態度中最重大的一部分。」。詳見：鈴木大拙等著，劉大悲譯，《禪與藝術》，頁101。

「禪畫」是一種獨特的藝術表現形式，禪者藉由繪畫來表達出自己所感受到之禪意、禪境。禪畫的特點在於：筆法簡約、畫面質樸、留白處多、題材單純、意境幽遠，體現出禪之「不立文字，直指本心」[6]的直觀思想。禪畫雖說不拘形式，直用以寫禪、寫境，但既然是繪畫，還是須以「形」來表現，「形」決不是最終之目的，但要能傳達出畫者之禪意，要能使觀畫者感知此禪境。歐陽修號六一居士，彼雖無畫名，然其有觀畫詩：

> 「古畫畫意不畫形，
> 梅詩詠物無隱情，
> 忘形得意知者寡，
> 不若見詩如見畫。」[7]

以禪者之心，來觀畫之形外意。如此畫者有禪意，觀者有禪心，機鋒相應，始構成禪畫。

「禪畫」另一重要之特色為：「留白」，禪宗主旨講「無念、無相、無住」，禪畫中常有大片的留白藉以表「空」、「無」。「空」代表是「空性」、「無」並非空無所有，「無」是空而不虛、真空妙有。「留白」不僅可留給觀畫者，空間上的無限延伸，有時還給人一種「蕭條、淡泊」、「閒和、嚴靜、趣遠」之心，[8]

6　參見：《六祖大師法寶壇經》：「達磨不立文字、直指人心、見性成佛。」，（CBETA 2023.Q1, T48, no. 2008, p. 364c18-19）。

7　參見：《歐陽修全集・居士集》卷六〈盤車圖〉，頁 42-43。

8　參見：《歐陽文忠公文集卷一三〇・試筆》〈鑒畫〉：「蕭條淡泊，此難畫之意，畫者得之，覺者未必識也。故飛走、遲速、意淺之物易見，而閒和、嚴靜、趣遠之心難形。若乃高下向背、遠近重複，此畫工之藝爾，非精鑒者之事也。」，轉引自：陳傳席，《中國繪畫理論史》，頁 121。

鈴木大拙在〈禪與繪畫藝術〉中提出了二個日本傳統文化之情境：「侘」[9] 和「寂」[10] 最可以說明「禪畫」之所以會在日本如此的被重視。久松真一提出了七個禪畫的性格（七つの性格）：[11]

1.「不均齊」：高低錯落、前後不齊、沒有幾何之對稱。
2.「簡素」：色彩單純、以墨色之濃淡來表現。
3.「枯高」：挺拔、勁遒。
4.「自然」：不做作，無心、無念。
5.「幽玄」：深邃、有餘意。
6.「脫俗」：灑脫、不流於凡俗。
7.「靜寂」：安定、寂靜。

此七個特性中，並沒有先後順序或是哪個比較重要，且不需全部都具備，只要繪畫裡能具備此七個特性中之某一點或某幾點即可稱其為禪畫。另，荷蘭學者 Helen Westgeest 又增列了一項:「在整體結構中的形象安置」[12] 或可稱「構圖」，意即繪畫之構圖亦構成禪畫之一要素。[13]

---

[9] 「侘」（wabi，わび）：是一種超越的冷漠，它的實際意義是「貧乏」，就是要安於貧乏，不要依賴世俗的財富、名望，但內心感覺到一種超乎時間和社會地位的最高價值。參見：《禪與藝術》，頁 103。

[10] 「寂」（sabi，さび）：是單純素樸的無矯飾或古舊的不完善性。一種單純性，或無意實現的表現，或具有歷史的聯想。參見：《禪與藝術》，頁 105。

[11] 參見：久松真一，《禪と美術》，頁 23-44。

[12] 詳見：海倫。威斯格茲著，曾長生譯，《禪與現代美術　現代東西方藝術互動史》頁 25；Helen Westgeest, *Zen in the fifties-interaction in art between east and west*, p.16。

[13] 參見：蘇原裕撰，〈試論宋元時期禪畫特質〉，《中華佛學研究》，第二十期，頁 200-203。

　　「禪畫」一詞始創於日本，並非出自於中國禪宗之話語。北宋蘇軾、米芾等士大夫提倡文人畫時，將此類之畫作稱為畫之「逸格」或「墨戲」。然禪畫實濫觴於五代之禪月大師貫休（832~912）的〈十六羅漢圖〉，畫史上載：其所畫之羅漢，龐眉大目者、朵頤隆鼻者、倚松石者、坐山水者，胡貌梵相，曲盡其態。或問之，云：「休自夢中所睹爾」。[14] 貫休於此中所言之「夢中所睹」可視為在禪定中所見。及較其略晚之石恪（生卒年不詳，活躍於五代末至北宋初）「喜滑稽，尚談辯……好畫古僻人物，詭形殊狀，格雖高古，意務新奇。」[15] 傳其所作之〈二祖調心圖〉，除了二祖[16]之面容為稍微工筆畫外，身體、衣著皆粗筆、「逸筆草草」，[17]然其神情安詳、寧靜、禪定之神態，宛如達摩已為其「安心竟」[18]，此二者之畫作被視為「禪畫」之始也。到了南宋梁楷（?~1210）

14　詳見：黃休復（生卒年不詳，活動于北宋真宗咸平年間），《益州名畫錄》卷下：「禪月大師，婺州金溪人也，俗姓姜氏，名貫休，字德隱。天福年入蜀，蜀王先主賜紫衣師號。師之詩名高節，宇內咸知。善草書圖畫，時人比諸懷素。師閻立本，畫羅漢十六幀，龐眉大目者、朵頤隆鼻者、倚松石者、坐山水者，胡貌梵相，曲盡其態。或問之，云：『休自夢中所睹爾。』又畫釋迦十弟子，亦如此類。人皆異之，頗為門弟子所寶。當時卿相皆有歌詩。求其筆，唯可見而不可得也。太平興國年初，太宗皇帝搜訪古畫日，給事中程公羽牧蜀，將貫休羅漢十六幀為古畫進呈。」

15　參見：《宣和畫譜》卷七：石恪，字子專，成都人也。喜滑稽，尚談辯。工畫道釋人物。初師張南本，技進，益縱逸不守繩墨，氣韻思致過南本遠甚。然好畫古僻人物，詭形殊狀，格雖高古，意務新奇，故不能不近乎譎怪。

16　或有認為此二祖圖，一為禪宗二祖慧可，另一為豐干禪師，在此不討論此問題。

17　參見：〔元〕倪瓚撰，《清閟閣全集‧論畫》卷十〈答張藻仲書〉：「……僕之所謂畫者，不過逸筆草草，不求形似，聊以自娛耳……。」收錄於《歷代論畫名著彙編》，頁205。

18　參見：《景德傳燈錄》卷3：「（二祖神）光曰：『我心未寧，乞師與安。』師曰：『將心來，與汝安。』曰：『覓心了不可得。』師曰：『我與汝安心竟。』」，（CBETA 2023.Q1, T51, no. 2076, p. 219b21-23）。

早期之作品〈出山釋迦圖〉承襲了此風格，頭面細筆，餘筆則稍
簡，到了他的後期之作〈李白行吟圖〉則簡之又再簡，甚至連背
景皆省略不畫，〈寒山拾得圖〉、〈布袋圖〉人物之臉面僅口眼
三數筆即成，帶出了釋道人物之「減筆畫／簡筆畫」風格。同時
期之玉澗（?-?）[19] 則以〈瀟湘八圖〉、〈廬山圖〉把禪意、禪境
帶進了逸格之山水畫中。牧谿（1210?-1270?）則是以〈猿鶴圖〉、
〈六柿圖〉開創出花鳥、靜物之禪意畫，元代之因陀羅（1275?-
1335?）[20] 則以禪機圖、禪會圖開展開了宋元時期之禪畫盛世。此
種型態之繪畫——禪畫，自南宋末到元時大量傳入日本，受到日
本幕府時期武士階層之喜好，盛行於足利氏的室町幕府（1338-
1573），一直延續到江戶時代德川幕府（1603-1867）。在中國則
因受到文人士大夫之排斥，甚且鄙視，云其為：「麤惡無古法」、[21]
「隨筆點墨而成，意思簡當，不費妝飾。但麤惡無古法，誠非雅
玩。」、[22]「誠非雅玩，僅可供僧房道舍，以助清幽耳。」[23] 到了
明代初期文人畫再度興起，浙派、吳派鼎盛、松江派繼起，禪畫
因而消失。直到明代萬曆年間，才有釋蓮儒（生平不詳，活動於

---

[19] 據史書記載，南宋時玉澗至少有四人：孟玉澗、彬玉澗、玉澗若芬、瑩玉澗，
據日本，《松齋梅譜》中記載，此處所言之玉澗應為玉澗若芬，乃天臺僧人。
詳見：東京國立博物館監修，《宋元の繪畫》，〈圖版解說〉，頁34。

[20] 參見：蘇原裕，《因陀羅禪畫的研究——以寒山拾得繪畫為核心》，頁：
102。

[21] 參見：湯垕（生卒年不詳，活動於元文宗時），《畫鑑》說：「近世牧溪
僧法常作墨戲，麤惡無古法。」，頁215。

[22] 參見：夏文彥，《圖繪寶鑑》云：「僧法常，號牧溪，喜畫龍虎、猿鶴、
蘆雁、山水、樹石、人物，皆隨筆點墨而成，意思簡當，不費妝飾。但麤
惡無古法，誠非雅玩。」，頁284。

[23] 參見：〔元〕莊肅（1245-1315），《畫繼補遺》卷上，云：「僧法常，
自號牧溪。善作龍虎、人物、蘆雁、雜畫，枯淡山野，誠非雅玩，僅可供
僧房道舍，以助清幽耳。」，收錄在《續修四庫全書‧子部‧藝術類》，
1065 冊，頁3。

嘉靖、隆慶、萬曆年前後）「畫禪」之說，及稍後之董其昌又有
《畫禪室隨筆》之著作。一直到近代，才從日本流傳回來「禪畫」
一詞。

　　雖然到了明代末葉，徐渭（1521-1593）於萬曆初年時，开始
其禪意盎然之大寫意禪畫，然徐渭逝世之年擔當始出生，且無證
據顯示擔當有受徐渭之大寫意禪畫之影响。擔當其師董其昌雖然
精於書畫、且其自言彼曾參「竹箆子話頭」[24] 有所悟，然而董其昌
因身在官場中，功名、俗事未能放下，因而雖其對禪有所悟，然
其悟多半為「解悟」，他雖以禪論畫，有「畫禪」、「畫分南北宗」
之說，然其畫屬於文人畫逸格之屬。且因擔當與董其昌之人生經
歷迥然不同，擔當一生未出仕，且其個性沖虛、淡泊、禪修意境
枯高、靜寂，並於晚年出家為僧，其繪畫之禪境，超脫出董其昌
之境界。陳傳席[25] 曾言就「畫和畫論之通禪，擔當就更內在、更深
沉。蓋因董其昌之禪是自外而入，擔當之禪是自內而出。」[26]，擔
當的詩文、繪畫之禪意、禪境，起自於其內在之禪思，其畫作中
多有禪意盎然堪稱之為禪畫之作。本文將從禪之視角，以禪眼來
觀看擔當之繪畫，並略述其繪畫之禪思。

---

[24] 竹箆子話，禪宗公案話頭之一。禪師接化學人的方式，以竹箆子作為話
　　頭，令學人參究，可由此而悟入。參見：《祖庭鉗鎚錄》卷1：「汝州葉
　　縣廣教院歸省禪師，遊方參首山。山一日舉竹箆問曰：『喚作竹箆即觸，
　　不喚作竹箆即背。喚作什麼？』師掣得擲地上。山曰：『瞎！』師於言下，
　　豁然頓悟。」（CBETA 2023.Q1, X65, no. 1286, p. 377a13-15 // Z 2:19, p.
　　374d1-3 // R114, p. 748b1-3）。
[25] 陳傳席（1950 生），江蘇徐州人，生於山東，中國美術史學家、美術理
　　論家、書畫家，中國人民大學教授兼佛教藝術研究所所長，中國美術家協
　　會理論委員會副主任。
[26] 參見：陳傳席，《中國繪畫理論史》，頁 176。

第二章　擔當所處之政治、社會環境

　　明代在太祖洪武中期之時，即因相國胡惟庸謀反而罷中書省、及廢去了相國之職位，將吏、戶、禮、兵、刑、工六部，直接隸屬皇帝管轄，皇帝一人統屬天下、大權獨攬，君權極大，無以制衡。造成制度上之缺失，埋下了後世子孫因不肖而衰亡之因。開國之初，太祖與成祖雖一人大權獨攬，然因其英明、能幹，勵精圖治，國勢強盛。但到了明代中、末葉之時，由於皇帝之怠朝，世宗皇帝（嘉靖）二十餘年不視朝，神宗（萬曆）三十年不上朝，熹宗（天啟）沉迷於木工，放任內閣首輔、權臣勾結宦官濫權，皇權旁落，權臣與宦官勾結，行政、監察系統失衡，文官體制僵化，國力大為削弱。如此到了明末，思宗（崇禎）皇帝再如何地努力於朝政，也已回天乏力了。及至南明時期，各個皇族及權臣不僅不戮力抗清以圖復明，反而是互相攻擊、爭權，落得天下生民塗炭、清軍勢如破竹，終致無力回天。擔當青壯年之時，身處明末亂世，見勢不可為，棄巾奉母於滇鄉，最終於五十歲時逃禪出家；在其初為僧之時，原本以為南明朝廷中興有望，最後徹底的失望而放下，寄情於詩書畫禪，終老於雞足山。

第一節　明末之政治與社會

　　擔當生於明神宗萬曆二十一年（1593），歷經光宗泰昌（僅
一月）、熹宗天啟（共七年）、思宗崇禎（共十七年）至南明安
宗弘光（僅一年）、紹宗隆武（僅一年）、卒於永曆二十七年（即
清康熙十二年，1673）。時序屬明代末葉及清代初年（即史上所
謂之南明時期），是由一個近三百年之衰落王朝之敗亡，闖賊、
流寇之起事燒、殺、擄、搰，到異族之新王朝之入關、鎮壓、強
權統治，其中還有舊王朝之沒落王孫及死忠之遺臣對新王朝的抗
爭外，還加上苟延殘喘之舊王朝之王孫、君臣之爭權鬥爭。生民
塗炭、動亂不堪之世紀。

　　明代在太祖（1328-1398）初建之時，即因制度上之缺失，埋
下了後世子孫因不肖而衰亡之因，蓋在明代初建時，仿宋代之制
度，在皇帝一人之下，設立有中書省，下設有左右丞相（其後改
稱相國，即所謂之宰相）輔佐政務，此相國之功用，除了可分擔
皇帝之政事辛勞外，尚可制衡因皇帝之偏執、昏庸而致有施政落
於偏失。然而，在洪武（1368-1398）十三年（1380）時，相國胡
惟庸（?-1380）謀反。之後，太祖便罷中書省、及廢去了相國之
職位，吏、戶、禮、兵、刑、工六部（原先兵部屬中書省管轄），
直接隸屬皇帝管轄，皇帝一人統屬天下、大權獨攬，君權極大，
無以制衡。在明代初建之時，太祖、成祖（永樂，1403-1424）甚
為英明、能幹，行之無虞，到了仁宗（洪熙，1425-1425）、宣宗（宣
德，1426-1435）時有內閣首輔三楊之輔佐，[1] 景帝（景泰，1450-

---

[1]　參見：法鼓人名資料庫：楊士奇（1364-1444）明朝內閣首輔、兵部尚書

1457）與孝宗（弘治，1488-1505）亦差強人意，除此之外之帝皇，非昏即愚，大權旁落於奸臣、宦官之手。[2]

雖然於洪武十五年，太祖仿宋代之殿閣制度，設立了內閣，由翰林院中之傑出大學士三到六名組成，早期之內閣大學士，並無實際參決政事之權力，僅作為皇帝之參謀、顧問而已。[3]到了仁宗、宣宗之時，大學士均被任命為太子之經師，在太子即位後，自然具有皇帝之師的崇高身分，地位特別的尊崇，皇帝下詔之時，多會與之諮詢、參酌才批定，自此內閣首輔之權力逐漸增大，尤其到了世宗（嘉靖，1521-1567）時，嚴嵩（1480-1567）執掌內閣首輔時，地位顯赫，和他的兒子嚴世蕃（雖僅任太常卿，實為地下宰相），壓制六部，權傾一時。

明代政治制度之另一大問題，即宦官之特務治國。朝廷啟用大批之宦官，對全國官吏進行嚴屬監視，太祖時設立錦衣衛之特務機構，成祖時又加設了東廠（東緝事廠之簡稱）、憲宗（成化，1465-1487）時又再設立西廠、武宗（正德，1505-1521）更一度設立內廠，皆由宦官統領，均屬特務機構。彼等之主要職責在於監視政府百官、地方貴族、世家仕紳、士人學子等。對於地位較低階層之政治異議者，可以直接逮捕問罪，對於政府較高層級之官員或皇親、國戚，則需上報皇帝，得到授權，才得以逮捕審訊。這些機構（東廠、西廠、內廠等）均由宦官擔任首領、提督，司禮監、秉筆太監、掌印太監通常是以位居首一、二者擔任。內廠、

兼華蓋殿大學士，與楊榮（1371-1440）、楊溥（1372-1466）共稱「三楊」，是仁宣之治的締造者之一。
[2]　參見：黎東方（1907-1998）著，《細說明朝》，頁2。
[3]　詳見：黃仁宇（1918-2000）著，《萬曆十五年》，頁23。

西廠一直到武宗（正德，1506-1521）時，宦官首領劉瑾（1451-1510）濫權，伏誅之後，才被廢止，但東廠還是一直保留到明末。及至熹宗（天啟，1621-1627）年間，還出現了惡名昭彰之閹黨頭子大太監魏忠賢（1568-1627）。

此二制度上之缺失，除了個別產生弊病外，到了明代中末葉之時，還因皇帝之怠朝，權臣與宦官聯手勾結，蒙蔽皇帝、壟斷朝政，由內閣首輔大學士「票擬」[4]、勾結擅權之秉筆太監「朱批」，假傳聖旨，詔行天下。諸如：世宗（嘉靖，1522-1566）時之首輔張居正（1525-1582）勾結司禮太監馮保（?-?，活躍於嘉靖、隆慶、至萬曆十年）壟斷朝政之例。

明代另有一制度，創建於太祖建國之初，即軍、民分籍之戶籍制度，起因於建國後，要編遣安排跟隨他打天下之大量軍官與兵丁之去路。在歷經元代末葉多年的兵戎戰亂以及天災、人禍後，以農立國之中國農村已全然荒廢，無法容納此大量之編遣、復員解甲歸田的兵丁，於是太祖便想出了此一軍、民分籍之雙軌制之戶籍法：

> 一種是「軍」：每家世世代代要有一個人當兵或軍官。另一種是「民」：世世代代均免除兵役（除非是志願投軍的）。政府的戶籍，因此也有兩套，一套是軍戶，一套是民戶。這是朱元璋所手創的奇特制度；綜合了漢的屯田、唐的府兵、與宋的尺籍。他很以此種軍民分籍自豪。他說，「朕養兵百萬，不費國家一錢。」[5]

---

[4]　即朝臣上奏摺，先由內閣首輔審閱，後於奏摺上浮貼紙條陳述意見，皇帝再審批，此浮貼意見之紙條，就叫「票擬」。

[5]　參見：黎東方著，《細說明朝》，頁 74。

兵士，每人賞官田五十畝、世襲，每戶每代只須有一長子一人服
役即可，餘子作為「餘丁」，聽任自主服役與否，可作為國家之
補充兵員。他們也要納糧（納稅），但此糧不上繳中央，而是集
中存做軍糧。軍官，每人封一個「世官」，最高為「衛」指揮使、
其次有「千戶」所長、「百戶」所長、最小的是「鎮撫」。另，
大軍官有大功勞者，便封公、侯、伯、子、男，但此並不隸屬「衛
所」體系，而是直屬中央兵部。在洪武十三年（1380）時共有「衛」
四百九十三個，各「衛」下各有若干個千戶所、百戶所，分戍、
屯墾於北方及西南邊境地區。

> 這個軍民分籍的辦法，不僅安頓了兵士，酬庸了軍官，而
> 且替他（太祖）自己與他的子孫保存了龐大的軍事力量，
> 也是替大明帝國維持了長治久安的國防力量。[6]

雖然有如此好的制度，然日久生蠹，到了明代中末葉時，這些兵
源，從軍官到士兵，多是濫竽充數、中看不重用，雖身在軍中，
打仗只是虛應故事，無法保疆衛國，只是按時領糧餉，混混日子
而已。

擔當之先世本為浙江淳安（杭州下轄之縣）人，明初太祖洪
武年間，先祖唐循仲從戎，派戍於西南邊陲滇地區，遂而落籍於
晉寧（雲南昆明市下之縣城）。雲南自明初實行軍事屯墾，建立
「衛」、「所」之後，從中原派戍來的軍士兵丁約有十四萬人，
均攜帶家眷，總共屯墾人口，約有三十萬人。再加上後世大姓人
家的謫戍，及大批官吏之派遣，遂使得漢族人口約達到三百萬人

6　參見：黎東方著，《細說明朝》，頁 74-75。

之多，移徙到雲南地區，也因此把中原漢族文化傳播帶到滇地。洪武十七年（1384），雲南開始設立學校，永樂九年（1411）開科舉士，因此有明一代二百七十多年間，雲南地區人才輩出，堪得與中原匹比，在學術上、藝術上均有所成就，一直到明清鼎革之際，南明朝廷退居於西南隅，政治、社會才動盪不安。擔當生活在這種環境中，造就了他的詩、書、畫、禪之成就。

然而，導致明代覆亡之最大原因，實在於明代末葉皇帝之怠朝，世宗（嘉靖，1522-1566）二十餘年不視朝，神宗（萬曆，1573-1620）三十年不上朝，熹宗（天啟，1621-1627）沉迷於木工，放任太監魏忠賢濫權，如此到了末代思宗皇帝（崇禎，1628-1644），再如何地努力於朝政，也已回天乏力了。

蓋世宗初年，因「大禮議之爭」，導致名臣楊廷和（1459-1529）之去職，[7] 致朝中無能人輔政。且因世宗驥望長生不死、成仙，篤信道教，崇信道士。大奸臣嚴嵩，因善於「青詞」，[8] 而受到重用，擅權二十年。世宗最為脫序之事為，嘉靖二十一年（1542），「壬寅宮變」[9] 宮女欲勒死他不遂後，從此搬至西苑玉

---

[7] 世宗由旁支藩王入繼大統，即位後，為了追封生父興獻王為先皇的問題，與楊廷和等朝臣引發嚴重衝突，此即為「大禮議之爭」，世宗為了此事對異議之朝臣進行了大清洗，也導致首輔楊廷和之致仕，致後繼無能人。參見：〔清〕張廷玉編，《明史》卷一百九十，〈列傳〉第七十八，頁24.2036-2040。

[8] 道教用來禱祝之詞。參見：〔唐〕李肇（?~?，仕於元和年間）撰，《翰林志》：「凡太清宮道觀薦告詞文，用青藤紙朱字，謂之青詞。」，收錄於明刊本《歷代小史》之十二卷，頁2。

[9] 參見：〔清〕張廷玉（1672-1755）編，《明史》卷二百九十九，〈列傳〉第一百八十七：「宮婢楊金英等謀逆，以帛縊帝，氣已絕。（許）紳急調峻藥下之，辰時下藥，未時忽作聲，去紫血數升，遂能言，又數劑而愈。」，

熙宮獨住，不和任何宮人妃子及文武朝臣見面，僅和嚴嵩及道士、宦官打交道，一直至嚴嵩被道士告狀罷官，換了徐階（1503-1583）當內閣首輔，仍然聽任其壟斷朝政，直到其駕崩，歷經二十四年不視朝，「深居西苑，專意齋醮，督撫大吏爭上符瑞，裡關輒表賀，廷臣自楊最、楊爵得罪後，無敢言時政者。」[10] 海瑞（1514-1587）於嘉靖四十五年（1566）二月上疏言：「二十餘年不視朝，法紀弛矣！」[11]

神宗則於萬曆十七年（1588），開始怠忽朝政（有說為沉迷於酒色，另說是吸食鴉片），萬曆十七年大理寺左評事雒于仁（1550-?）獻四箴（按：《酒色財氣四箴疏》）：

> 「臣備官歲餘，僅朝見陛下者三。此外，為聞聖體違和，一切傳免，郊祭、廟享遣官代行、政事不親、講筵久輟。臣知陛下之疾，所以致之者，有由也。臣聞：嗜酒則腐腸、戀色則伐性、貪財則喪志、尚氣則戕生……」[12]

再加上內閣首輔申時行（1535-1614）之媚上，據近代歷史學者黎東方列舉申時行四大罪狀：

> 第一，他把張居正的一套綜覈名實的辦法，束之高閣。

頁 24.3291。

[10] 參見：〔清〕張廷玉（1672-1755）編，《明史》卷二百二十六，〈列傳〉第一百一十四，頁 24.2468。

[11] 參見：〔清〕張廷玉編，《明史》卷二百二十六，〈列傳〉第一百一十四，頁 24.2468。

[12] 參見：〔清〕張廷玉編，《明史》卷二百三十四，〈列傳〉第一百二十二，頁 24.2552。

第二，他幫助神宗逃學，不反對神宗之「每遇講期，多傳
免」，替神宗想出一個偷懶的辦法，用進呈「講章」
（講義）來代替講授，在事實上永久停止了「講筵」。

第三，他幫助神宗拒諫，「令諸曹（各衙門官員）建言，
各及所司執掌，聽其長（官）執而獻之。」。

第四，他又教了神宗，把不願接受的奏書，「留中」（留
在宮中），不批不發，置之不理。[13]

後神宗又因立太子的「國本之爭」[14]與內閣群臣爭執長達十餘年，
萬曆十八年（1588），開始索性不出宮門、不郊、不廟、不朝直
至其駕崩，長達三十年。朝中出現了「人滯於官」和「曹署多空」
的現象。

光宗（泰昌，1620）朱常洛即位僅 29 天就因「紅丸案」[15]而
暴斃，其長子熹宗朱由校登基為帝，年僅十四歲，因其父不受神
宗之喜愛，他亦自幼備受冷落，甚且未接受過正規之經教，喜好
木工，被稱為「木匠皇帝」。政事皆由宦官把持，尤其是太監魏
忠賢的濫權攬政，造成閹黨與東林黨之慘烈的黨爭，[16]以致朝中更

---

13 參見：黎東方著，《細說明朝》，頁 372-373。

14 為明神宗冊立太子之爭議，中國古時有「太子者，國之根本」之言，所以
此爭議被稱為「國本之爭」。彼時有兩派分別擁護皇長子朱常洛（為宮女
王氏所生）與朱常洵（為寵妃鄭貴妃所生）為太子。朝廷大臣依明代立長
子為太子的慣例，擁戴皇長子常洛，然因神宗不寵朱常洛的母親，不願立
常洛為儲君，有意立寵妃鄭貴妃之子常洵為太子，卻受到大臣們與慈聖皇
太后的反對。因之神宗拖延遲遲不立太子，朝中也因此分成兩派，此爭議
長達十五年之久，最後因而不上朝向朝臣們抗議。

15 光宗因腹瀉，日久不愈，後服食了鴻臚寺丞李可灼獻上之紅丸而卒，史稱
「紅丸案」，詳見：黎東方著，《細說明朝》，頁 381。

16 以太監魏忠賢為首稱為「閹黨」，及以顧憲成（1550-1612）為主的稱為「東

加的無人。

天啟五年（1625），擔當三十三歲時膺「歲荐」（按：地方官府薦舉，視同舉人）。正當青壯年時期，欲求仕進，進京應禮部試，以明經入對大廷，不第。此時，明王朝之朝政、仕宦已敗壞至無以復加之境地，無怪乎擔當對功名仕進淡薄視之，一試而棄仕途，借公車[17]而游歷天下，訪名勝、廣交遊。[18]棄儒巾而歸養其母。

天啟七年（1627）熹宗因意外落水成病，又因服用「仙藥」而死，終年23歲，遺詔立五弟信王朱由檢為帝，即後來的思宗（崇禎，1628-1644）皇帝。思宗即位後，勵精圖治，日夜親自批閱奏章，節儉自奉，不近女色。[19]崇禎年間的勤政，與嘉靖、萬曆、天啟朝相較，朝政有明顯地改觀。思宗在即位之初，就大力地剷除閹黨，曾六度下詔罪己，然因其生性猜忌多疑、剛愎自用，「既多疑而又易於衝動的人」，[20]獨攬大權，不僅未能善任官員，又濫

林黨」（顧憲成罷官後，在東林書院講學，並評擊朝政，與一些朝臣及士子，附合成群，稱之東林黨。）兩派系之間的鬥爭。

[17] 明代之科舉，分三階段，首先於地方省城舉行鄉試，三年一次（於八月舉行，曰秋闈），考取者稱舉人，隔年三月於京城禮部舉行會試（曰春闈），應考者為舉人或相當於舉人之「歲荐」者，錄取者為貢士，最後由皇帝於保和殿親自主持，錄取者為進士。由於會試試於京城舉行的，而舉人們則來自於全國各地，需要舟車接駁送往，這一切舟車接駁費用皆由公家支付，稱之為「公車」，故以「公車」指稱到京參加會試。

[18] 參見：〔明〕擔當著，余嘉華、楊開達點校，《擔當詩文全集》，附錄四，方樹梅（1881-1968）撰，《擔當年譜》，〈自述詩〉：「俯就明經職，巾下不可留。聊此借公車，實從五岳游。為不需一命，偏將名勝搜。交游極寰宇，詠歌滿滄州。」，頁524。

[19] 參見：〔清〕張廷玉編，《明史》卷二十四，〈本紀〉第十一：「在位十有七年，不邇聲色、憂勤惕勵、憚心治理。」，頁24.192。

[20] 參見：黎東方著，《細說清朝》，頁34。

殺忠良，以至於無法力挽狂瀾於明朝，嘗歎曰：「朕非亡國之君，
事事皆亡國之象。」、[21]「朕涼德藐躬，上干天咎，然皆諸臣誤
朕。」[22]

　　明朝末年，自世宗朝起，就有「北虜南倭」[23]之患，天災（地
震、旱災、蝗災、水災）、民變紛擾不斷。神宗朝後期，北方後
金[24]政權興起，強勢侵凌，處於極度的內憂外患之境地。苟延至崇
禎十七年（1644）發生「甲申之變」[25]，闖王李自成（1606-1645）
攻破北京，思宗在煤山自縊身亡殉國，終年三十五歲，至此明亡。

　　擔當雖於崇禎元年（1628）三十六歲時，回滇卜居，讀書奉
母，偏安於西南隅，然因國之將亡，朝政綱紀混亂，民不聊生，

---

[21] 參見：〔清〕張廷玉編，《明史》卷二百五十三，〈列傳〉第一百四十一，頁 24.2768。

[22] 參見：〔清〕張廷玉編，《明史》卷二十四，〈本紀〉第十一，頁 24.192。

[23] 北方長城外北元蒙古韃靼俺答汗犯邊，東南方閩浙沿海倭寇擾境，史稱「北虜南倭」。北元犯邊從明初就開始不斷，一直到隆慶五年（1571）受明朝封為「順義王」，才告平息。而倭寇之亂則遲至於世宗四十四年（1565）才告肅靖。

[24] 後金為努爾哈赤於天命元年（1616，萬曆四十四年）在赫圖阿喇（今之撫順市新賓滿族自治縣）稱「汗」建國，稱國號為「金」，史稱「後金」、「女真」，天命三年（1619，萬曆四十六年）正式與明朝決裂，攻佔撫順。其子皇太極於天命十一年（1626，天啟六年）登基即任，明年改元天聰元年，以「敬兄長、愛弟子、行正道」勵精圖治，統一漢南蒙古各族，取代了「北元」，並開始傾全力南進攻打明朝，於天聰十年（1636，崇禎九年）在盛京（今之瀋陽）稱帝──寬溫仁聖皇帝，次年改元為崇德元年（1637，崇禎十年），並改國號為「大清」、族名為「滿洲族」（按：為文殊師利菩薩之梵文 मञ्जुश्री，Mañjuśrī 的音譯）。詳閱：黎東方著，《細說清朝》，頁 1-30。

[25] 崇禎十七年（1644）三月十九日，闖王李自成攻陷北京，思宗皇帝自縊於煤山，明亡，史稱「甲申之變」。

民變蜂起，天下大亂，看破紅塵，於崇禎十二年（1639）擔當母逝滿三年居喪完後，移居昆明。最終於崇禎十五年（1642）五十歲時，心感於時勢已無濟，明朝國祚懸在旦夕，絕望之餘，棄家逃禪入佛，而至雞足山為僧。

第二節　南明之亂象

　　崇禎十七年（1644）三月十九日，闖王李自成攻陷北京，思宗皇帝自縊於煤山，福王朱由崧（1607-1646）即位於南京，以次年為弘光元年（清順治二年，1645），是為南明之始。南京原是大明開國時，太祖所立之京城，成祖兵變後遷都北京，以為京城，並將南京改置為「留都」，仍編置了一套較小編制之朝廷官員，如各部會之尚書之類的官制在南京（擔當之師董其昌、陳繼儒等皆曾在南京任禮部尚書之職）。以備北京萬一出問題時，南京「留都」，隨時可遞補而成為一臨時戰備之朝廷，以續明朝之命脈。[26]此一直延續至明末，此時正好派上用途。崇禎十七年，北京城破、思宗自縊煤山時，南京兵部尚書史可法、南京戶部尚書高宏圖、南京翰林院詹事府詹事姜曰廣等一干南京「留都」之官員，隨即擁立神宗之孫，思宗之堂兄福王朱由崧「監國」，十二天後，即位是為弘光帝。朱由崧生性懦弱，荒淫無恥，朝政則悉由馬士英（1596?-1646）、阮大鋮（1587-1646）把持。馬、阮二人賣官鬻爵、公報私仇、發動黨爭、殘害東林黨、大興黨獄，導致弘光朝廷內鬥、亂象叢生、天下更加紛亂擾嚷，清軍南下之勢猛，不到一年，

---

[26] 有些史論家論言：果若當年思宗不自縊於煤山，而是退守於南京，或許會因而改寫歷史。

就因「揚州十日」[27]、「嘉定三屠」[28]而衰敗，弘光帝也為叛將田維乘出賣，為清軍所俘，縛往北京翌年被殺而覆亡。

　　清軍渡江攻陷南京後，鄭鴻逵、鄭芝龍及鄭彩所領之數十萬閩軍，南移至福州，擁立唐王朱聿鍵（1602-1646）為帝，改元隆武元年（清順治二年，1645）同時魯王朱以海（1618-1662）亦在浙江紹興監國，隨轉徙台州，不奉隆武為正朔，史稱「監國魯」元年（1645），與唐王閩越對峙、相爭，互殺使者。後南移至閩金門，直到監國魯八年三月（永曆七年，1653），自去監國之號，向駐蹕於安龍府之永曆帝奉表稱臣，後於永曆十六年（清康熙元年，1662）病卒金門。[29]而唐王（隆武帝）於隆武二年（1646），因鄭芝龍之降清，而出逃，至福建汀州被清軍所俘，解往囚於福州，絕食而亡。

---

[27] 弘光元年（1644）四月，清軍圍攻揚州。兵部尚書史可法率城中軍民抵禦清軍，清軍圍困百日不破，且損失慘重。史可法急向朝廷求援，但因為將領們個個擁兵觀望，不願發兵救援，最終揚州被攻破淪陷，史可法被俘，清兵將領多鐸勸史可法歸降，史可法云：「城存與存，城亡與亡，我頭可斷，而志不可屈。」遂英勇就義。清軍於破城後進行了十天的大屠殺，史稱「揚州十日」。

[28] 清順治二年（1645 年）六月，清軍下剃髮令，下令十天之內，全國百姓一律剃髮，「留頭不留髮、留髮不留頭」。使得漢族百姓紛紛起而抗清。以嘉定之百姓的反抗最為激烈，鄉紳侯峒帶領嘉定民眾起義反抗，清吳淞總兵李成棟領兵五千來攻，城破，下令屠殺；劫後嘉定義民朱瑛再度集結倖存者民眾，共兩千多人展開反屠殺運動，處死了歸降的漢奸和清軍的官吏。二十多天後南明吳之番率殘軍攻下嘉定城，嘉定之民眾也紛紛響應，把城內之清兵殺得大潰出逃。李成棟隨之整軍反撲，把吳之番之士兵斬殺殆盡，又再度屠殺了近二萬的嘉定民眾，血流成渠，史稱「嘉定三屠」。

[29] 永曆十六年（1662，康熙元年），金門縣城東門外古墓「皇明監國魯王壙誌」，壙志上石刻著：「（魯）王素有哮疾，壬寅十一月十三日，中痰而薨。距生萬曆戊午五月十五日，年才四十有五，痛哉！」。參見：毛一波著，《南明史談》，頁 10。

同時於隆武二年（清順治三年，1646），桂王朱由榔（1623-1662）在廣東肇慶自立為監國。不久隆武帝敗亡後，其弟朱聿鐭（1605-1647）於十一月五日在廣東廣州府繼位，以次年為紹武元年，是為紹武帝。數日後，十一月十八日，桂王朱由榔在廣東肇慶亦登基稱帝，年號永曆，是為「永曆帝」。二帝亦不和、兵戎相抗，永曆帝派兵襲擊紹武帝，然兵敗，不成。就在南明二帝自相殘殺之時，清軍已攻取潮州、惠州。數日後，旋即攻陷廣州城，紹武帝被縛，自縊殉國，在位僅四十日。

自此南明之祚僅餘永曆帝一支。鄭成功於永曆三年（清順治六年，1649），奉永曆為正朔，被冊封為延平王，並以寧靖王朱術桂（1617-1683）為督軍。在金門、廈門沿海抗清，直至永曆十五年，束取台灣，趕走荷蘭人，以為南明反清復明之基地，仍然遙奉永曆為正朔，繼續沿用永曆年號，直至永曆三十七年（清康熙二十二年，1683）其孫鄭克塽兵敗於施琅，被俘降清，至此結束南明之朔。

永曆元年（清順治四年，1647），隆武政權覆亡後。清軍繼而轉攻肇慶，威脅了永曆政權。永曆帝出逃至廣西，轉桂林安頓，清軍隨即轉攻桂林。南明、清軍兩軍於桂林大戰，明軍獲勝，短暫的穩住了剛建立之永曆政權。永曆帝在中期時，由於大西軍張獻忠之殘部李定國、孫可望等人，在西南地區抵抗、阻擋清軍，且得到延平王鄭成功等各地之反清力量的支持，成為反清復明的精神領袖、天下共主。永曆六年（清順治九年，1652），李定國在桂林逼死了定南王孔有德，及在衡州斬殺了敬謹親王尼堪，獲得大捷，一度收復了湖南西部地區、四川、廣東、江西等地區之部分。並於是年送永曆帝入滇，隔年駐蹕昆明，並以五華山為

行宮。永曆十年改雲南府為滇都，永曆十一年（清順治十四年，1657）還在雲南舉行過一次鄉試。永曆十二年（清順治十五年，1658）永曆帝在昆明大封群臣……一時間，偏居西南一隅的永曆小朝廷出現了短暫的生氣，給了眾多的明朝遺民中興之假象。[30]

永曆十三年（清順治十六年，1659），清軍進攻雲南，攻陷昆明，永曆帝逃亡入緬甸東吁王朝首都瓦城，獲國王莽達（平達力）收留。後來，吳三桂攻入緬甸，莽達之弟莽白乘機發動兵變，殺死其兄奪位。於永曆十五年（清順治十八年，1661），緬甸新國王莽白發動咒水之難，殺盡永曆帝侍從近衛，將永曆帝父子縛交昆明吳三桂。永曆十六年（清康熙元年，1662）四月十五日，永曆帝父子在昆明遭吳三桂以弓弦絞死，終年 40 歲，南明朱氏滅亡。雖然鄭成功仍奉永曆為朔，在臺灣、金門、廈門東南沿海繼續反抗，然已無濟於事，到了永曆三十七年（清康熙二十二年，1683）施琅平定臺灣，鄭克塽降清，監國寧靖王朱術桂自縊殉國，南明政權正式落幕，從崇禎十七年／弘光元年（清順治元年，1644）經隆武（1645-1646）至永曆（1646-1683）三十七年（清康熙二十二年），共延續了四十年。

在南明弘光元年（清順治二年，1645），滇南土司沙定洲造反，起兵驅趕雲南府官沐天波，擔當誤信其為天下生民而反，雖已出家為僧，然其一本身為大明之遺民書生，出而為之籌謀，豈料所遇非人，沙定洲起兵後踞省城、濫殺士紳。[31]失敗後，擔當再

---

[30] 參見：李昆聲主編，《擔當書畫全集》，〈擔當──中國美術史上的巨匠（代序言）〉。

[31] 參見：計六奇，《明季南略》：「沙定洲驅沐天波，踞省城，殺仕紳，協巡撫為之疏請，代沐天波鎮滇。貢生唐泰，實為謀主。唐泰即釋普荷，所

度逃入雞足山，逡巡數年，至永曆元年（順治四年，1647），五
十五歲，見明祚已無望，始至滇西祥雲縣水目山依無住法師剃染、
受戒法名普荷。

稱擔當和尚者也。後人記擔當師事，皆諱之。余以為崇禎之末，中原鼎沸，
烈皇殉國，而滇亦伏莽蠢動，沐天波庸沓，任奸罔利，政令不行。擔公振
奇好事，妄冀沙定洲者，倚其兵力，或能代沐氏扶明社，而不知沙非其人
也。流寇旋入滇，沙敗走死。」，頁466。中華書局，1984。轉引自：胡
吉連碩論，《明遺民擔當書法研究》，頁12。
　　另按：關於唐泰是否有無涉入此事件，尚有爭論。楊曉飛在其碩論
附之〈擔當年表〉中云：「沙定洲於順治五年（南明永曆二年，公元
1648），為大西軍李定國所擒，擔當已先於崇禎十五年入雞足山，何由得
為沙定洲主謀？此說不可信。」參見：楊曉飛碩論，《洗盡鉛華布染塵
擔當畫學研究》，頁30。
　　又按：筆者之見，則是：是時擔當雖已入雞足山為僧，然尚未受戒，
其為國為民之心未絕，俗緣未了，從而出山為之籌謀，正如同擔當自己所
說的：「余滇人而布衣，而又衲子，而又亦在塵劫之中。處培塿而干霄漢，
則吾豈敢！惟是匡扶運會，大丈夫皆有其責。」（參見：〔明〕擔當著，
余嘉華、楊開達點校，《擔當詩文全集》，〈椷庵草序〉，頁137。）

第三章　擔當其人及其師友

　　擔當出身於西南邊疆之官宦世族家，天資聰穎、早慧，又是生長於書香世家，五歲時即接受祖父唐堯官之啟蒙教育，十歲時詩文已十分出眾，年方十三歲即補博士弟子員。是年，擔當隨其父唐懋德入京選官，途經南京時，由於擔當之詩文名早已享譽士人界，當時南京名妓馬湘蘭賞識異常，親為其簪花，一時傳為美談。擔當禪師「詩書畫三絕」，一般文、史論家都把擔當禪師看作是遺民、詩人、文人畫家，但是縱觀擔當一生之所為及其所遺留之詩作、畫作，他實具有雙重身份，一者因其出身官宦世家，始業儒，是為明代遺民書生之身分；二者因其習佛修禪有所悟道，在他的詩文、書畫之中充滿著禪味，是為禪者之身分。

　　擔當之交往師友們，除了數位師長及部分友人在書史上留有記載外，有很多雖與彼有詩文、書畫往來酬唱之友人，因其活動地域，偏處滇南，遠離了明代社會主流地區：吳越、江浙、川蜀、湖贛等江南文人薈萃之地區，僅在其《擔當詩文集》中偶有出現一、二次外，大半均名之不傳。

第一節　擔當其人

擔當禪師，俗姓唐，名泰，字大來，法名普荷、通荷，號擔當，別號布史、此置子、遲道人等等。雲南晉寧人，生於明萬曆二十一年癸己（1593），卒於清康熙十二年癸丑（1673），享年八十一歲，僧臘三十二。[1]是明末清初時西南邊陲有名之詩書畫三絕之遺民僧。其作品大半多遺留在雲南地區，以至於聲名不如清初四僧，然其才情實有過之而無不及，近代學者邢文有〈"五僧"說〉，稱他應冠諸四僧之前，為五僧之首。[2]

擔當的先世本為人文薈萃之浙江淳安人，明初洪武年間先祖唐循仲從戎，派戍到西南邊陲滇地區，遂而落籍於晉寧。據其族譜載擔當的曾祖唐金（號池嶼），嘉靖戊子（1528）之舉人，任福建紹武同知，從祀明宦；祖父堯官（字廷俊），嘉靖辛酉（1561）之解元，然屢試春闈不第，遂絕意仕途，開館教授於鄉里，擔當自幼時即受教於其祖；父懋德（字世修，號十海），以萬曆癸卯（1603）中舉而仕，官至陝西臨洮同知，工詩文，著有《十海集》。其曾祖、祖父及父三代皆有詩文行世，擔當將其合輯刊之名為《紹箕堂集》，取「克紹箕裘」之意。至今在雲南昆明晉寧縣化樂鄉耿營西北的唐家山（長坡山）南，尚可見到唐錡（擔當之曾伯祖，即唐金之兄）家族墓地之石刻像，像作明代官員之相。擔當之二

---

[1]　按：有些書刊、論文誤書為三十七，據考其於 1642 年（五十歲）時剃度，卒於 1673 年（八十一歲），共計三十二年。

[2]　參見：邢文，〈"五僧"說〉，《江蘇畫刊》，1992.08。轉引自：朱萬章著，《擔當》，頁 252；另李昆聲在其《雲南藝術史》中亦有如是之言論，參見：頁 238。

位叔父新德、進德，也都是科舉出身，作過學官，唐氏家族於有明一代實為晉寧之書香仕宦望族。[3]

擔當天資聰穎、早慧，又生長於書香世家，五歲時即接受其祖父唐堯官之啟蒙教育，十歲時詩文已十分出眾。萬曆三十三年（1605），年方十三歲即補博士弟子員，敲開了仕宦之門。此年其父唐懋德入京選官，擔當隨父同行北上，途經南京時，由於擔當之詩文名早已享譽士人界，當時南京名妓馬湘蘭（1548-1605）賞識異常，親為其簪花，一時傳為美談。[4]

擔當十四歲時，便開始了他的第一本詩集《儵園集》之創作與編輯，此集一直持續到他五十歲為僧之時，為僧之後的詩文則另輯成《橛庵草》。十七歲時，其父任陝西臨洮同知時，擔當曾往臨洮省親。二十二歲在家鄉娶四川順慶府雲陽知縣黃麟趾（字伯仁）之女為妻，此後十年，一直待在家鄉讀書、奉母。天啟五年（1625）三十三歲膺「歲荐」，進京應禮部試，以明經入對大廷，惜不第。[5]回程順道遊歷了江蘇、湖北之名山、大川。他在〈自述詩〉裡云：「俯就明經職，牖下不可留。聊此借公車，實從五岳游。為不霑一命，偏將名勝搜。交游極寰宇，詠歌滿滄州。」至此他對功名利祿更是淡薄視之，不過是借著應試的機會，訪名勝、廣交遊。

<hr>

[3] 參見：朱萬章著，《擔當》，頁 3-4。
[4] 參見：〔明〕擔當著，余嘉華、楊開達點校，《擔當詩文全集》，《儵園集》，〈余年十三歲在金陵湘蘭老馬姬采花為余簪髻戲之〉詩：「雲髻惱新霜，不分嬌花放。佯羞采嫩枝，插在兒頭上。」，頁 105。
[5] 參見：李昆聲主編，《擔當書畫全集》，〈擔當——中國美術史上的巨匠（代序言）〉。

　　回程時經南京地區，在華亭拜當時已致仕之南京禮部尚書董其昌（1555-1636）為師，學習書畫，同時又拜謁李維楨（1547-1626），亦執弟子禮，學習詩文。他們二人都為他的詩集《儵園集》寫了序。董其昌言：「（大來）詩溫淳典雅，不必賦帝京，而有四傑之藻，不必賦前後出塞，而有少陵之法。余所求之六館而不得者，此其人也。」；[6] 李維楨則讚之曰：

> 「楊用修（慎，1488-1559）先生居滇……所與論詩……子（大來）獨能開元、大歷以前人語，輕而不薄、婉而不蕩，法古而不襲迹、卑今而不吊詭。後來之彥，如子詩典雅溫淳，指不數僂也……中原人士，當有聞正始之音，而深嘉屬和者，即不悅里耳，何傷乎？」[7]

值得注意的是董其昌與李維楨二人均盛讚其詩，但隻字未提及他的書畫，可見擔當在此時其書畫尚未有所成就。

　　在江浙時，跟隨著董其昌學習書畫，盤桓了三年，於此時期亦結識了二位高僧，蒼雪法師、湛然禪師。與蒼雪法師有詩互相唱和，然對湛然禪師則禮拜為師，此時（時間約於天啟五、六年，1625-1626）湛然禪師住錫於浙江顯聖寺之時，擔當於此時皈依於湛然雲門禪師，[8] 法名通荷，但因有母在堂，而未剃度。擔當在其

6　參見：〔明〕擔當著，余嘉華、楊開達點校，《擔當詩文全集》，〈儵園集引〉，頁5。

7　參見：〔明〕擔當著，余嘉華、楊開達點校，《擔當詩文全集》，〈儵園集序〉，頁3。

8　按：有些書刊、論文誤書為崇禎三年（1630）擔當三十八歲時，由雲南再至浙江會稽，參湛然法師，是時湛然法師已圓寂三年了，且查證擔當亦無再返浙之行。此當為訛誤。

《橛庵草》跋文中云：

> 「……湛然雲門和尚，偈頌中頗有風雅遺意，余昔公車事
> 峻，參和尚於會稽顯聖寺中，覿面相承，授以禪旨。因有
> 母在堂，而不能染剃相隨，只得回滇以供定省……」[9]

　　於崇禎元年（1628）三十六歲時，從南京經湖北、湖南、貴
州欲回滇時，適值土司安敦良、奢崇明叛亂（史稱安奢之亂），
貴州道路阻隔，繞道嶺右，至崑山去拜訪有「山中宰相」之稱的
陳繼儒徵君（號眉公），時眉公已七十一高齡了，他對眉公亦執
弟子禮，嘗對眉公云：「友天下士，方自此始」。眉公亦為擔當
之《罇園集》寫序，稱其詩：

> 「靈心道響，麗藻英同，調激而不叫號，思苦而不呻吟；
> 大雅正始而不入於鬼詩、童謠、俚語、方言之俳陋；即長
> 吉[10]、玉川[11]復生，能驚四筵，豈能驚太來之獨坐乎？」[12]

9　參見：〔明〕擔當著，余嘉華、楊開達點校，《擔當詩文全集》，〈橛庵
　　草跋〉，頁139。

10　參見：法鼓人名資料庫，李賀（790-816），字長吉，唐代著名詩人，被
　　稱為「詩鬼」。為唐朝宗室鄭王李亮（唐高祖的八叔）的後裔，但家道已
　　經沒落。在長安當過三年奉禮郎的小官，與王參元、楊敬之、權璩、崔植
　　等友好，常一起出遊。元和八年（813年）因病辭去奉禮郎回昌穀，有一
　　陣子依附潞州張徹作幕僚。代表作有《高軒過》、《雁門太守行》、《羅
　　浮山人與葛篇》等。

11　參見：法鼓人名資料庫，盧仝（795-835），號玉川子，中唐詩人。少有才名，
　　隱居嵩山少室山，終身未仕。詩風僻險，世稱「盧仝體」。一生愛茶成癖，
　　一曲〈茶歌〉傳唱千年。太和九年（835），於「甘露之變」被誤捕遇害。
　　有《玉川子詩集》。

12　參見：〔明〕擔當著，余嘉華、楊開達點校，《擔當詩文全集》，〈罇園
　　集序〉，頁4。

並謂其「神用清審、志意貞立」、「真磊落奇男子也」。[13] 擔當與眉公之交往，亦師亦友，詩文往來不斷，眉公並於崇禎十一年（1638）擔當四十六歲時，推介徐霞客於遊滇時訪之，並因而與之成為摯友。徐霞客行至雲南時，曾在晉寧盤桓了二十一日，兩人相交甚為契合，結下了深厚的情誼。在這二十一日裡，擔當賦詩贈徐霞客三十多首，諸如：

〈先生以詩見貽賦贈〉：
「朝履霜岑暮雪湖，
　陽春寡和影猶孤。
　知君足下無知己，
　除卻青山只有吾。」、

〈與先生夜酌〉：
「君為探奇得此閒，
　我雖無酒破愁顏。
　閉門不管鄉鄰鬥，
　夜話翻來只有山。」、

〈柬先生〉：
「舉足無剩山，
　知公應有得。
　只許一人知，
　何須天下識。」

---

[13] 參見：〔明〕擔當著，余嘉華、楊開達點校，《擔當詩文全集》，〈翛園集序〉，頁4。

臨別時依依不捨，在〈別先生崇禎戊寅冬十月〉中云：

> 「少別猶難別，
> 那堪又轉逢。
> 滇池雖向北，
> 我夢只朝東」[14]

表現出他與徐霞客之交情誼深厚。徐霞客也在他的《徐霞客游記》，〈滇游日記〉中，用了不少篇幅筆墨，記載了雲南普寧之風光及與擔當往來之情景。尤其是在其離開晉寧之前一日的日記上寫道：

> 「唐大來名泰，選貢。以養母繳引，詩、書、畫俱得董玄宰三昧。余在家時，陳眉公即先寄以書：『良友徐霞客，足跡遍天下，今來訪雞足，並大來先生，此無求於平原者，幸善視之。』比至滇，余囊已罄，道路不前，初不知有唐大來可告語也……始知眉公用情周摯，非世誼所及矣。大來雖貧，能不負眉公厚意，因友及友，余之窮而獲濟，出於望外如此。」[15]

盡管擔當家境並不寬裕，在朋友急難之際，能慷慨義助，使徐霞客得以順利完成滇西之行，對此徐霞客充滿著感激之情，溢於言辭。

14　參見：〔明〕擔當著，余嘉華、楊開達點校，《擔當詩文全集》，《橛園集》，頁 126-133。
15　參見：〔明〕徐弘祖撰，黃珅注譯，《新譯徐霞客遊記》，〈滇游日記四〉，頁 1841-1842。

　　崇禎十二年（1639）擔當母逝滿三年，居喪完後，移居昆明。崇禎十五年（1642）五十歲時，因感於時勢已無濟，明朝國祚已在旦夕，絕望之餘棄家而入雞足山為僧，然此時尚未受戒剃染。是年把其已輯了大半生之詩文集《翛園集》結集，另把新賦之詩文改輯成新集《橛庵草》，前者是輯在俗之時的詩文，後者是輯出家之後所作的詩文，因之一六四二年是擔當詩文集的一道分界線。崇禎十七年（1644）李自成攻破北京，明思宗自縊煤山，吳三桂引清兵入山海關南下北京，改元順治元年，明亡，天下大亂。隔年丁亥年南明弘光元年（清順治二年，1645）（是時雲南尚未奉清朝之正朔），滇南土司沙定洲造反，起兵驅趕雲南府官沐天波，擔當誤信其為天下生民而反，一本身為大明之遺民書生，出而為之籌謀，豈料所遇非人，沙起兵後踞省城、濫殺士紳。失敗後，擔當再度逃入雞足山，逡巡數年，至永曆元年（順治四年，1647）五十五歲時，見明祚已無望，始至滇西祥雲縣水目山依無住法師剃染、受戒，法名普荷。擔當在其《橛庵草》跋文中云：「前名普荷，從戒師無住，遵戒而不嗣法也；今名通荷，從先師雲門，嗣法而遵正眼也。」[16]（按：無住法師係屬臨濟宗禪師，禪律雙修；而擔當早歲即已隨雲門湛然圓澄禪師修習曹洞宗禪法有成，因之自承嗣法於曹洞宗湛然圓澄禪師。）後又從水目山回至雞足山、最後駐錫於蒼山腳下班山之感通寺，

　　　　「晚居點蒼山之感通寺，宦游葉榆者，無不就寺謁師。師
　　　　不避客，報謁如常禮。惟絕口不及世事，辭色藹然，無詩
　　　　僧相、亦無禪師相。以是人人樂從師游，恨相見晚也。」[17]

16　參見：〔明〕擔當著，余嘉華、楊開達點校，《擔當詩文全集》，〈橛庵草跋〉，頁139。

17　參見：〔明〕擔當著，余嘉華、楊開達點校，《擔當詩文全集》，《附錄》，

可見擔當晚年，歷經長年之保任之後，彼之禪修已達到最高之階段——垂手入鄽（禪宗十牛圖修行之最後一位階），隨俗度眾。於康熙十二年（1673）時，孟冬十月十九日示微疾，端坐辭眾，書偈曰：「天也破、地也破，認著擔當便錯過，舌頭已斷誰敢坐。」[18]安然而化，世壽八十一，僧臘三十二。翌年弟子廣廈建塔於蒼山佛頂峰下，並請雲南等處承宣布政使司左布政使天台馮甦（再來，1628-1692）撰《擔當禪師塔銘及序》，銘曰：「始焉儒、終焉佛，一而二、二而一。洱海秋濤、點蒼雪壁。迦葉之區、擔當之宝。」[19]遺有《橧園集》、《橛庵草》、《拈花頌百韻》、《罔措齋聯語》等著作傳世。

圖1：擔當禪師之頂像。引自：〔明〕擔當
著，余嘉華、楊開達點校，《擔當詩
文全集》，圖版一。

　天台馮再來甦，〈擔當禪師塔銘有序〉，頁 472-473。

[18]　參見：《雞足山寺志》卷 6：趺坐說偈曰：「天也破，地也破，認著擔當便錯過，舌頭已斷誰敢坐？」寂然而化，壽八十一。所著有《橧園》、《橛庵》二集、《拈花頌百韻》行于世。（CBETA 2023.Q1, GA081, no. 84, p. 437a5-7）。

[19]　參見：〔明〕擔當著，余嘉華、楊開達點校，《擔當詩文全集》，《附錄》，天台馮再來甦，〈擔當禪師塔銘有序〉，頁 473。

第二節　擔當之師友及弟子

　　擔當之交往師友們，除了數位師長及部分友人在書史上留有記載外，有很多雖與彼有詩文、書畫往來酬唱之友人，但僅在其《擔當詩文集》中偶有出現一、二次外，因其活動地域，偏處滇南，遠離了明代社會主流地區：吳越、江浙、川蜀、湖贛等江南文人薈萃之地區，大半均名之不傳，無法得知其往來交友酬唱之詳情。以下茲就數位留有名記之師友，稍作介紹：

師長

　　首先是其啟蒙恩師，為其祖**唐堯官（1541-1610）**，字廷俊，嘉靖四十年（1561）辛酉解元，屢試春闈皆不第，遂絕意仕途，在鄉里開館授教，所育人甚眾，史載其「舉鄉書第一，數上春官不錄，遂棄去，獨研精古辭賦之業。」[20] 著作有《五龍山人詩文集》三十餘卷。擔當在五歲時，便接受其祖父之啟蒙教育，讀古文背詩誦賦，打下了擔當堅實的詩文底子，十歲時其詩賦文章，已十分出眾、文采迥異於常人，萬曆三十三年（1605）時年方十三歲，已補博士弟子員（諸生），並開始輯其第一本詩文集——《餂園集》。

　　其次，分別為：

20　參見：〔明〕擔當著，余嘉華、楊開達點校，《擔當詩文全集》，李維禎撰，〈餂園集序〉，頁3。

　　董其昌（1555-1636），字玄宰、思白、思翁，號香光居士，諡文敏，明末有名之書畫理論家、書畫家及鑑賞家。萬曆十七年（1589）己丑進士，授翰林院庶吉士。官歷翰林院編修、太常寺少卿、南京禮部尚書等職。善山水水墨畫，師法董源（?-962）、倪瓚（1301-1374），其畫多屬文人水墨畫，然因董其昌好修禪，自稱其參「竹篦子」話頭有所解悟，《明史》云其：「性和易，通禪理，蕭閒吐納，終日無俗語。」[21]；後與莫是龍（1539-1587）共倡繪畫「南北宗論」，[22] 以禪論書，其繪畫藝術與繪畫理論，對其後及清初之畫壇產生了重大之影響；書法初臨顏真卿，後改學虞世南，兼及鍾繇、王羲之，參酌以李邕、柳公權，其書法與邢侗、張瑞圖、米萬鐘並稱「明末四家」，稍後又有「黃倪」之稱的黃道周與倪元璐，號稱「明末六家」，然其中對後世影響最大的是董其昌。董其昌有〈月賦〉小楷法書及〈關山雪霽圖〉、〈山居圖〉等畫作傳世；著有《容台集》、《容台別集》、《畫禪室隨筆》等。擔當於天啟五年（1625）三十三歲時，獲滇地區之「歲荐」，進京應禮部試，回程時經南京，在華亭拜當時已從南京禮部尚書致仕之董其昌為師，學習書畫，前後共約計有三年之久。董其昌極為賞識擔當之詩文，並為其詩集《翛園集》寫了序。[23] 擔當之書畫藝術受到了董其昌深遠之影響，其開始繪畫也應是始於此，徐霞客嘗言：「唐大來名泰，選貢。以養母繳引，詩、書、畫俱得董玄宰三昧。」然因擔當與董其昌之人生經歷迥然不同，且其個

---

[21] 參見：〔清〕張廷玉編，《明史》卷二百八十八，〈列傳〉第一百七十六，頁 24.3174。

[22] 繪畫「南北宗論」在：〔明〕董其昌著，屠友祥校注，《畫禪室隨筆》，頁 158。以及在〔明〕莫是龍撰，〈畫說〉，收錄入：于安瀾編，《畫論叢刊》上，頁 66-67。有相同之論述。

[23] 參見：〔明〕擔當著，余嘉華、楊開達點校，《擔當詩文全集》，董其昌撰，〈翛園集引〉，頁 5-6。

性沖虛、淡泊，禪修意境枯高、靜寂，一生未出仕，並於晚年出家為僧，其繪畫之禪境，超脫出董其昌之境界。徐復觀（1904-1982）云：

> 「董氏所把握到的禪，只是與莊學在同一層次的禪；換言之，他所遊戲的禪悅，只不過是清談式，玄談式的禪；與真正地禪，尚有向上一關，未曾透入。無聲詩史說他『遊戲禪悅』的『遊戲』，和他自己所再三標榜的『墨戲』，正是一脈相通。禪的向上一關不是『遊戲』所能透入的。透上一關所把握到的，將是『寂』而不是『淡』。」[24]

擔當的禪是靜寂的「曹洞禪」，自然超脫出了其師董其昌之境界。但其書法受到董其昌之影響極大，終其生仍可見到董之蹤影。有〈董玄宰先生以手迹見貽賦謝〉：

> 「明興大老沔之陽，風度峻嶒莫可當。
> 北苑為兄忝前董，右軍有子非小王。
> 殘沈外購海舶重，寸縑內展宮闈香。
> 我在門牆廿餘載，未能具體空彷徨。」[25]

擔當在垂老之時，猶臨董其昌之帖，有

> 「太史堂高不可升，
> 那知萬里有傳燈。

---

[24] 參見：徐復觀著，《中國藝術精神》，頁 415。

[25] 參見：〔明〕擔當著，余嘉華、楊開達點校，《擔當詩文全集》，《翛園集》，〈董玄宰先生以手迹見貽賦謝〉，頁 84。

> 從來多少江南秀，
> 指點滇南說老僧。」[26]

之詩。

　　李維楨（1546-1626），字本寧，號翼軒、大泌山人，湖廣京山人，明朝文學家、政治人物。隆慶二年（1568）戊辰進士，選庶吉士，授翰林編修，萬曆初年編修《穆宗實錄》，後因得罪權臣首輔張居正，外謫近三十年，（天啟）四年（1624）董其昌復薦之，乃召為禮部右侍郎，甫三個月，進為尚書。[27]一起編修《神廟留中奏疏彙要》，天啟五年正月力乞骸去，又明年（天啟六年）卒於家中，年八十。[28]著有《大泌山房集》，與屠隆、胡應麟、魏允中、趙用賢等，被王世貞稱作「嘉隆末五子」，繼承明代前後七子之復古派者。擔當於天啟五年（1625），進京應禮部試回程南京時，拜董其昌為師，滯留游於南京地區之時，經董其昌之介紹得以親近並執之以師禮。李維楨有詩文之名而無書畫之名，想必僅是對擔當之詩文，作了評點與指導。他亦序了擔當之詩集《儵園集》曰：

> 「（大來）子獨能開元、大歷以前人語，輕而不薄、婉而不蕩，法古而不襲迹、卑今而不吊詭。後來之彥，如子詩典雅溫淳，指不數僂也。」

26　參見：〔明〕擔當著，余嘉華、楊開達點校，《擔當詩文全集》，《橛庵草》，〈臨董其昌先生帖〉，頁314。
27　參見：〔清〕張廷玉編，《明史》卷二百八十八，〈列傳〉第一百七十六，頁24.3169。
28　參見：〔清〕張廷玉編，《明史》卷二百八十八，〈列傳〉第一百七十六，頁24.3169。

他主張為詩要「取材於古而不以模擬傷質，緣情於今而不以率易病格。」對擔當之詩文「法古而不襲迹」的復古而不於泥古的精神，深表讚賞。

　　陳繼儒（1558-1639），字仲醇，號糜公、眉公、眉道人、白石山樵等，松江華亭人，自幼聰穎，為同郡時為內閣首輔大學士徐階賞識，然歷三次鄉試，皆不第。二十九歲時，焚棄儒服，結廬隱居於小崑山之陽，築室東佘山，屢辭荐舉，[29]杜門著述，終身不仕，致力於著書立說和遊藝於書畫，錢謙益（1582-1664）稱其為人「重然諾，饒智略，深得老子陰符之學」，[30]為明末著名之山人，[31]雖身處山林，然並不拒絕與朝中官宦、及士林文壇中人往來，有「山中宰相」之戲稱。善詩、書、畫，其書法師法蘇軾、米芾，與董其昌齊名，甚有過之。崇禎三年（1630）游普陀時，撰有《妙莊嚴路記》、《題朗徹禪師剪鑑池贊偈》，書《剪鑑池》額刻石。所藏碑石、法帖等物甚多。著《小窗幽記》、《巖棲幽事》、《眉公全集》、《晚香堂小品》等。在天啟五、六年時，擔當曾和其師董其昌拜訪過他，有〈同董玄宰先生持畫過眉公老是庵〉之詩：

　　「吾師慣畫水雲灣，常移雲氣來山間。
　　一丘一壑誰能過？獨有眉公非等閒。
　　登眺不須杖在手，窮奇極變恣公口。
　　豈惟矯足矮崑崙，天下之山皆培塿。

---

[29] 參見：〔清〕張廷玉編，《明史》卷七十一，〈志〉第四十七，〈選舉三〉，頁 24.735。

[30] 參見：〔清〕錢謙益撰，錢陸燦編：《列朝詩集小傳》丁集下，收入周駿富輯《明代傳記叢刊》，台北：明文書局出版社，民國 80 年，第 11 冊頁 677。轉引自：莊琇婷碩論，《晚明遺民擔當禪師詩畫研究》，頁 52。

[31] 科舉時代，終身不仕之讀書人，稱為「山人」。

我愛真山高復高，得其形似何牢騷。

今聞二老齒異說，能令耳裡翻波濤。

自古幾人見真畫，真畫不在齋頭掛。

二王才是丹青師，次則李杜人不知。

畫中若無字與詩，鄙哉刻鏤未足奇。

無筆墨處恐難為！」[32]

陳繼儒對擔當之詩集《翛園集》亦作有序言，云其詩：

「靈心道響，麗藻英同，調激而不叫號，思苦而不呻吟；
大雅正始而不入於鬼詩、童謠、俚語、方言之俳陋。」

　　崇禎元年（1628），擔當回滇時，本欲取道貴州，但因逢安奢之亂，[33] 貴州道阻不行，只好繞道改從粵西回滇，途經崑山，順道去拜訪眉公，盤桓多時，此時眉公已高齡七十一耄耋之齡了。擔當對眉公亦執弟子禮，然與眉公之交往，亦師亦友，嘗對眉公云：「友天下士，方自此始。」兩人詩文往來不斷，在擔當之詩文集中，載有多首與陳眉公唱和之詩，[34] 一直持續到崇禎十二年

---

[32] 參見：〔明〕擔當著，余嘉華、楊開達點校，《擔當詩文全集》，《翛園集》，〈同董玄宰先生持畫過眉公老是庵〉，頁44。

[33] 明末天啟年間，四川永寧宣撫司奢崇明及貴州水西宣慰司安位與其叔父安邦彥的叛亂，奢崇明於天啟元年（1621）九月在重慶起事，安邦彥於于天啟二年（1622）二月在貴州起兵相應。戰事從天啟元年持續至崇禎十年（1637），前後持續17年，才平定，戰事波及川、黔、雲、桂四省，死傷百餘萬人。

[34] 參見：〔明〕擔當著，余嘉華、楊開達點校，《擔當詩文全集》，《翛園集》，〈贈陳眉公先生〉，頁45-46、〈贈陳眉公山居〉八首，頁59-60；《橛庵草》，〈趙元一署陳眉公畫梅〉，頁168、〈和陳眉公晚香堂小品中十詠〉，頁247-249。

（1639）眉公逝世為止。眉公並於崇禎十一年（1638）擔當四十六歲時，推介徐霞客於遊滇時訪之，並與之成為摯友。由於陳繼儒對書畫之理念、主張，與董其昌相近，同倡繪畫「南北宗論」，因此其在書畫上，對擔當並無特別之之影響。但是在仕進與生活態度上，眉公之焚棄衣巾，履辭荐舉，澹泊處世的行誼，對擔當的影響甚鉅，日後擔當之棄巾絕仕，很大之成分是受到眉公之影響。擔當於晚年出家後，偶在滇南點蒼山之趙元一官署中，見到了一幅眉公所畫之梅圖時，此時眉公已去世多年，擔當無限吁噓，題了一首七言古詩：

> 「霧壓天低風似箭，瀑流碎爛吹成霰。
> 老鴉縮頸不歸巢，凍破同雲鶴打顫。
> 大樹小樹盡攢眉，樹身腫過鷗夷皮。
> 獨有古梅差崛強，逆出橫斜鐵一枝。
> 橫斜倒地筆難寫，冰汁和膠霜滿把。
> 李成寒林未足奇，東坡墨水胡為者。
> 相傳款識紀眉公，天下靡然皆嚮風。
> 形似大類鐘鼎篆，文與六書將毋同。
> 昔我忝為門下士，躬親侍研曾寫此。
> 宣和墨寶雖云多，不及我公貼片紙。
> 把來高掛生寒威，几案之上有翠微。
> 幸爾半腰已折斷，不然六月要添衣。
> 況在點蒼山下賞，無日不聞雪花響。
> 一官心膽冷於僧，不是雪誰知痛癢。
> 吁嗟此筆非所長，但云眉公齒沁香。
> 藏於公署癖猶吝，何若移之大道旁。
> 君不見，

豪家宴客開華堂，金屏翠褥生輝光。

無奈牡丹偏愛暖，惹得游蜂浪蝶只空忙。

吁嗟空忙忒無味，惟有此枝最高貴。」[35]

可見兩人之亦師亦友、相知相惜之情誼的深重。

　　圓澄法師（1561-1626），字湛然，別號散木道人，又稱湛然圓澄、雲門圓澄，會稽夏氏了。生而有異相，[36]十七歲喪父、十九歲喪母。家貧充作投遞公牒之郵卒，因錯投了公牒，畏罪懼辱，投江白盡，被漁人救起後。在澤中遇到一僧，見之云：「是能出家，有大用。」即求度出家，後往投玉峰師處，充圊頭（負責廚內清潔差事）行苦行，並開始學識字習文義。一日人方丈求授經，玉峰叱曰：「丁字不識，不作苦行。求甚麼經？」圓澄口：「尚求參悟大事，何況區區文字。」玉峰異之，以法華經付之曰：「此諸佛骨髓，珍重熟讀，自有得。」隨後，往參隱峰禪師。隱峰器之，對眾云：「此子可參禪！」圓澄遂求其開示。隱峰曰：「行住坐臥，但參念佛的是誰？」猛參三日夜後有省，知法不假他求。走而告知隱峰。隱峰曰：「似則也似，是則未是！且一切處疑嘿著！」時年二十。萬曆十年（1582）往天荒山，妙峰和尚（1537-1589，天台宗第二十九世祖）處剃染，妙峰唯指念佛。三年再充圊頭苦行。後往雲棲見蓮池大師（袾宏，1535-1615）受具足戒後，往訪南宗師，入門宗師便問：「海底泥牛銜月走，是什麼意思？」

[35] 參見：〔明〕擔當著，余嘉華、楊開達點校，《擔當詩文全集》，《撅庵草》，〈趙元一署陳眉公畫梅〉，頁 168。
[36] 參見：《湛然圓澄禪師語錄》卷8：「母夢僧而娠，十有四月生。七日啼不止，有僧過之囑云：『自誓不昧，止宿於此。啼作麼？』遂不復啼。長而大目昂鼻、哆脣露齒，直腸信口。」，（CBETA 2023.Q1, X72, no. 1444, p. 841a14-16 // Z 2:31, p. 157a8-10 // R126, p. 313a8-10）

宗師一喝，圓澄不能答，遂發憤云：「自是不悟不休。」即於天妃宮掩關三年、不發一語。三十歲悟道。[37] 萬曆十九年（1591），謁見當時曹洞宗二十六世大覺慈舟方念禪師（1552-1594），[38] 大覺方念視其為當家種草，授為曹洞宗第二十七世傳人。[39] 萬曆、天啟年間，弘法於雲門，四眾驚其辯才。歷住徑山、禾之東塔、雲門之顯聖。天啟六年秋（1626），講《法華經》於華嚴寺，十二月四日示寂。有《宗門或問》、《慨古錄》、《楞嚴臆說》、《法華意語》、《會涅槃疏》、《會稽雲門湛然澄禪師語錄》行世。

---

37 參見：《湛然圓澄禪師語錄》卷8：「偶閱語錄，至雪竇與僧論柏樹子話。有行者頌曰：『一兔橫身當古路，蒼鷹才見便生擒。後來獵犬無靈性，空向枯椿舊處尋。』師便能轉機著語。又因燈滅，隔窗取火有省，隨頌一首，令呈南。南曰：『我道他是個人，猶作如是去就耶。』師聞復令請益。南曰：『不思善、不思惡，正恁麼參。』師於此漸入。一日憶乾峰和尚舉一不得舉二話，遂豁然無疑。頌曰：『舉一舉二別端倪，個裏元無是與非。雪曲調高人會少，獨許韶陽和得齊。二老何曾動舌，諸方浪自攢眉。擬議鷂過新羅，刻舟求劍元迷。』又頌雲門十五日話曰：『日日犯土黃，日日是好日。鐵蒺藜兮無孔笛，分付禪和莫近前，擬議須教性命失。』從此于海底泥牛話，及諸諸訛公案，一切了了。」，（CBETA 2023.Q1, X72, no. 1444, p. 841b11-23 // Z 2:31, p. 157b11-c5 // R126, pp. 313b11-314a5）。

38 參見：《湛然圓澄禪師語錄》卷8：「師趨座呈所見求證，舟問曰：『止風塗向青山近，越王城畔滄海遙時如何？』師曰：『月穿潭底破，波斯不轉眉。』舟又問洞上宗旨。師呈偈曰：『五位君臣切要知，個中何必待思惟。石女慣弄無鍼線，木偶能提化外機。井底紅塵騰靄靄，山頭白浪滾飛飛。誕生本是無功用，不覺天然得帝基。』舟曰：『語句綿密、不落終始。真當家種草也。』遂召入室印證。復曰：『汝後鼓兩片唇皮，截斷天下人舌頭有分在。』即付法偈曰：『曹源一滴水，佛祖相分付。吾今授受時，大地為甘露。咄！乳峰前無鏃箭，射得南方半個兒。』師始匡徒說法，稱人天師也。」，（CBETA 2023.Q1, X72, no. 1444, pp. 841c18-842a4 // Z 2:31, p. 157d6-16 // R126, p. 314b6-16）。

39 其法脈傳承為：洞山良价→雲居道膺→同安道丕→同安觀志→梁山緣觀→大陽警玄→投子義青→芙蓉道楷→鹿門自覺→普照希辯→靈巖寶→玉山體→雪巖滿→萬松行秀→雪庭福裕→靈隱文泰→寶應福遇→少室文才→萬安子巖→凝然了改→俱空契斌→無方可從→月舟文載→大章宗書→少室常潤→大覺方念→湛然圓澄。

擔當於天啟五年至崇禎元年（1625-1628）間遊歷滯留於江浙時，此時（天啟五、六年，1625-1626）湛然圓澄禪師住錫於浙江顯聖寺，擔當應是於此時至顯聖寺，拜見並皈依於湛然雲門禪師，修習曹洞禪法，云：

> 「湛然雲門和尚，偈頌中頗有風雅遺意，余昔公車事峻，參和尚於會稽顯聖寺中，覿面相承，授以禪旨。因有母在堂，而不能染剃相隨，只得回滇以供定省。」

晚年為僧後，自言其嗣法於雲門湛然圓澄禪師，云：「今名通荷，從先師雲門，嗣法而遵正眼也。」是為曹洞宗第二十八世弟子。

無住法師（1592-1664），字洪如，亦稱法元洪如，定遠（雲南牟定）鄧氏子。幼慕禪宗，早歲精研《金剛經》，[40] 後禮海量大千法師出家，二十八歲剃染，之後參叩於周理徹庸禪師（1591-1647），[41] 徹庸命其參「狗子無佛性」話頭，苦參三年無得、不悟，一日隨徹庸入城赴應供，夜忽聞鐘聲響，忽而大悟，遂有「通身是！遍身是！處處逢！何曾避！」[42] 之偈語，舉示其師，徹庸許之，隨後與其師徹庸同在雞足山妙峰寺開堂說法，崇禎七年（1634），

---

[40] 參見：《新續高僧傳》卷21：「自課恆持金剛經，嘗入白雲崖折茶枝插地，咒曰：『吾道有成則榮，無成則萎。』後乃日見秀發，漸至合抱。洪如曉夕窮研，亦有心得。」，（CBETA 2023.Q1, B27, no. 151, p. 183b5-8）。

[41] 參見：法鼓人名資料庫：周理徹庸，明代臨濟宗僧。號徹庸，朗目本智（1556-1606）禪師法嗣，昆明杜氏。纔出襁褓，啼不止，有二僧登門，賜名慧九。幼入雞足山，師事遍周，勤禮觀音，習靜二十年，聞水聲得悟。後歷諸方，得法天童密雲（1567-1642）和尚。晚歸雞山妙峰開堂，以棒喝傳宗。編有《竹室集》、《曹溪一滴》九卷，著有《谷響集》、《雲山夢語》行世。

[42] 參見：《新續高僧傳》卷21，（CBETA 2023. Q1, B27, no. 151, p. 183b9）。

偕同徹庸往參天童密雲圓悟（1567-1642）、六雪道闇（1585-1637）諸尊宿。嗣臨濟三十六世法脈，之後齎藏南歸。歸後創寶華寺於雲南水目山，弘揚律學。康熙三年（1664）六月十二日示寂，世壽七十三。善行、草，亦能詩，著有《蒼山集》、《空明集》、《苦海慈航集》、《宗門語錄》、《南燈續燄》等著作。楊士宗在〈無住如禪師塔銘〉云：

> 「師每歎學人稍具一知半解，輒以擔板陋見。排斥因果，滯足行門。師乃以解行齊備，宗說兼暢，於是圓修萬善，普被群機。……因兼弘儀行，以戒名堂俾之嚴淨。毗尼不失入道根本，而從受皈戒者四方雲至。……」[43]

擔當於永曆元年（順治四年，1647）五十五歲時，見明祚已無望，由大錯和尚（1602-1673）之推介，引領其至滇西祥雲縣水目山依無住法師剃染、受戒法名普荷。雖然無住法師禪律雙修，行禪兼弘律儀，以戒名行世，然因其禪法係屬臨濟宗之禪法，而擔當早歲即已隨雲門湛然圓澄禪師修習曹洞宗禪法有成，自言其嗣法於曹洞，故僅依無住法師遵行戒律，而不嗣行其臨濟宗之禪法。彼言：「前名普荷，從戒師無住，遵戒而不嗣法也。」。

友人

謝肇淛（1567-1624），字在杭，號武林，小草齋主人，晚號山水勞人，福建福州長樂人。萬曆三十年（1603）進士，歷任湖

---

43 參見：楊士宗著，〈水目山諸祖緣起碑記〉，收錄入：楊世鈺、張樹芳主編：《大理叢書‧金石篇》第 10 冊頁 141，北京：中國社會科學院，1993 年。轉引自：莊琇婷碩論，《晚明遺民擔當禪師詩畫研究》，頁 63。

州、東昌推官、南京刑部主事、兵部郎中、工部屯田司員外郎，曾上疏指責宦官遇旱仍大肆搜刮民財，受到萬曆帝嘉獎。奉命治理河流，一年大功告成，並寫成《北河紀》八卷、《紀餘》四卷，詳細記載河流源委及歷代治河利弊，為談河工者所推崇。萬曆四十六年（1618），任雲南布政使司左參政，分巡金滄道，掌大理、蒙化、鶴慶、麗江、永寧五郡，在謝肇淛於雲南任職時，擔當與之結識，其時謝肇淛已五十一歲了，而擔當方才二十六歲，兩人結為忘年之交，擔當有〈游桂林山水同謝武林先生賦〉云：

> 「貧游厭泥滓，幽探窮巑岏。
> 　曾聞天下奇，莽從自西擴。
> 　今來一投策，躋攀愜余踵。
> 　乍開乍合中，陰晴靈氣動。
> 　踏虛不沉陷，涉險無懼恐。
> 　曠豁只眼明，寒促雙肩聳。
> 　峻仰獨秀山，幻訝七星洞。
> 　玲瓏有千變，如猿躡深孔。
> 　況追達人踪，奚囊代為□。
> 　示我攝生術，受之若懷琪。
> 　紫府高可步，趾同真仙踊。
> 　因此鑒急流，退處得不勇？」[44]

天啟元年（1621）謝肇淛擢升廣西按察使，隨後升廣西右布政使，[45] 勤理政事，力革積弊；在邊境，置官增兵，防止外患；能

---

[44] 參見：〔明〕擔當著，余嘉華、楊開達點校，《擔當詩文全集》，《橋園集》，〈游桂林山水同謝武林先生賦〉，頁 41。

[45] 參見：〔清〕張廷玉編，《明史》卷二百八十六，〈列傳〉第一百七十四，

較好處理與少數民族間之矛盾；整頓鹽政，活躍經濟，人民生活
隨之好轉。謝肇淛工詩文，被視為當時閩中詩人領袖。論詩推崇
盛唐，反對七子派規摹格調之陋習，亦不同於公安派，而與嚴羽、
徐禎卿一脈詩論較為接近。又關注小說及戲劇之創作。[46] 在謝肇
淛離滇後，擔當曾寄詩相贈以致思念之情懷：

> 「歲晚千山競鼓聲，雪深翻恨雁來遲。
> 　衰秋草暗越王家，太古雲封虞帝祠。
> 　作宦已驚身似葉，懷人又值鬢成絲。
> 　慢亭隔斷相思路，枉使曾孫共別離。」[47]

可見兩人相交之行誼。

　　趙宧光（**1559-1625**），字凡夫，一字水臣，號廣平、寒山長，
有高士之名，人稱趙處士，吳郡太倉人（今江蘇太倉），宋太宗
趙炅第八子趙元儼之後代。家境富有，少年為國子生，中歲折節
讀書自娛，晚年與妻陸卿子隱居於寒山，築「寒山別業」，奉佛、
蔬食，客至亦以蔬果待。夫婦以詩文見於世，皆有文行於時。[48] 讀
書稽古，專精篆籀，亦能篆刻。他的書法，於篆書中加入草書的
意趣，開「草篆」之先河，在明末自成一家。在明末董其昌等士
人倡崇帖之風氣，趙宧光獨以他的慧眼，融合大篆的筆意，以及

〈文苑二〉，頁 24.3156。

[46] 參見：何創時書法藝術基金會雲端博物館。https://www.hcsartmuseum.com/
authors/9370/2023.05.02. 點擊。

[47] 參見：〔明〕擔當著，余嘉華、楊開達點校，《擔當詩文全集》，《橄園
集》，〈謝在杭先生由閩之任粵中寄懷作〉，頁 99-100。

[48] 參見：〔清〕張廷玉編，《明史》卷二百八十七，〈列傳〉第一百七十五，
〈文苑三〉，頁 24.3159。

草書的線條，創出了「草篆」。常與陳繼儒、沈顥詩文唱和，著
有《說文長箋》、《六書長箋》、《寒山蔓草》、《寒山帚談》、
《牒草》、《石經論語》、《護生編》等。同時也是一位優秀的
庭園造園家，其「寒山別業」，自築丘壑、山石、流泉，十分清幽、
別有洞天。常有文人雅士慕名而來，擔當於天啟年間游江南之時
曾造訪，讚賞趙宦光是一位奇士，而所築「寒山別業」亦為奇景。
擔當有詩云：

> 「奇士好奇真可愕，世間一切皆糟粕。
> 　凡出爾手驚創為，勿訝山居更穿鑿。
> 　剔實搜虛何嶮若，無丘壑中有丘壑。
> 　古意蒼然乃大略，我來與爾聘奇緣。
> 　更把粵西山水為爾傳，玲瓏孔內走車馬。
> 　人如螻蟻上青天，千巧百怪狀不出，西湖雁蕩徒赧焉。
> 　吁嗟好奇猶恐奇太過，鴻濛豈可破了破。
> 　願爾與我游高簡，平遠山頭且坐坐，鬼斧雖工無復那。」[49]

彼時擔當隻身處江南異鄉，得與趙宦光交友，曾寄詩訴述時局險
惡，雖是有心治世然不得不退隱山林，心有戚戚焉。有詩云：

> 「此地還相隔，前村一徑懸。
> 　人間有缺陷，世外少迍邅。
> 　守黑從吾分，垂青得爾憐。
> 　幾時同抱甕，潦倒在籬邊。」[50]

---

[49] 參見：〔明〕擔當著，余嘉華、楊開達點校，《擔當詩文全集》，《翛園集》，〈訪趙凡夫山居〉，頁53。

[50] 參見：〔明〕擔當著，余嘉華、楊開達點校，《擔當詩文全集》，《翛園

徐霞客（1587-1641），名弘祖、一曰宏祖，明代著名的探險家、旅行家、地理學家。遍遊了大半個中國，足跡歷及山西、山東、河北、河南、湖南、湖北、陝西、安徽、江西、江蘇、浙江、福建、廣東、廣西、貴州、雲南等十六個地區及各名山大川，將所見所聞記錄下來，後輯錄成遊記，其遊記手稿大半焚於清初兵燹，後經季會明、徐李寄在收輯成書，即為《徐霞客遊記》。這部書共計有六十餘萬言，被後世史家稱為《山海經別乘》、《輿地記外篇》，尤其是關於雲南之地理、風土、人情之記載，佔了很大之篇幅，也記錄了有關其在晉寧行跡及與唐泰（擔當）之交往情況。於崇禎十一年（1638）擔當四十六歲時，徐霞客欲經由廣西、貴州入滇之時，陳繼儒寫信給擔當推介徐霞客云：「良友徐霞客，足跡遍天下。今來訪難足並大來先生，此無求於平原君者，幸善視之。」[51]，徐霞客行至雲南時，曾在晉寧盤桓了二十一日，兩人相交甚為契合，結下了深厚的情誼並成為摯友。盡管擔當家境並不寬裕，在朋友急難之際，能慷慨助其盤纏，使徐霞客得以順利完成滇西之行，對此徐霞客充滿著感激之情，溢於言辭。在這短短的相處二十一日裡，擔當賦詩贈徐霞客三十多首，顯示他與徐霞客一見如故、情誼深厚。徐霞客也在他的《徐霞客游記》，〈滇游日記〉中，用了不少篇幅筆墨，記載了雲南普寧之風光及與擔當之往來情景。在其離開晉寧時云：「眉公用情周摯，非世誼所及矣。大來雖貧，能不負眉公厚意，因友及友，余之窮而獲濟，出於望外如此。」此段情誼，成為千古佳話。

杜錦里（?-?），生卒年不詳，自號浣溪翁，疑為蜀人，隱居

集》，〈村居寄趙凡夫〉，頁 61-62。
[51] 參見：〔明〕擔當著，余嘉華、楊開達點校，《擔當詩文全集》，附錄《年譜》，頁 512。

茈碧湖，好「手談」、[52]善畫竹，兩人相交不議時事，惟「手談」與論竹。擔當將杜錦里與北宋之文同[53]相提並論：

> 「與可之筆不可得，天下爭傳杜公墨。
> 只須一竿生雲煙，便是與可親手植。
> 故物何須問其主，動手即能空萬古。
> 赤日燒天龍直騰，彩雲出谷鳳交舞。
> 破縑敗素掃橫披，妙過子瞻風格奇。
> 風吹瓊玖雖有響，世寶何如重此枝。
> 吁嗟世寶原無價，何必千金古買夏。
> 幽篁裡懸明月光，不是長嘯彈琴不許坐其下！」[54]

擔當另有三首題杜錦里畫竹之詩：

> 「化工無陳跡，寓意幽篁裡。
> 突出兩三枝，潔風颸然起。

---

[52] 手談，下圍棋也。擔當有詩云：「丘壑偏宜小，填波構草堂。人酣教竹醉，天暑炙荷香。贄以離群白，峰因缺一蒼。閒中有剩局，憨睡得清涼。」，參見：〔明〕擔當著，余嘉華、楊開達點校，《擔當詩文全集》，《橛庵草》，〈仲夏小集葉仁樞十九峰下課山園時送何文叔他往杜錦里好手談下榻於此〉，頁 195。

[53] 參見：法鼓人名資料庫：文同（1018-1079），字與可，號石室先生、笑笑居士。梓潼（今屬四川）人，蘇軾的表兄兼好友。北宋著名畫家、詩人，最善畫竹，創深墨為面，淡墨為背的竹葉畫法，開後世「湖州竹派」。宋仁宗皇佑元年（1049）進士，遷太常博士、集賢校理，歷官邛州、大邑、陵州、洋州（今陝西洋縣）等知州或知縣。元豐初年，文同赴湖州（今浙江吳興）就任，世人稱文湖州，未到任而卒。

[54] 參見：〔明〕擔當著，余嘉華、楊開達點校，《擔當詩文全集》，《橛庵草》，〈題杜錦里畫竹〉，頁 172。

「想像而弗諼，知公乃君子。」[55]

「俗薄群卉靡，霜寒誰重節。
　惟爾尚骨幹，揮手勁如鐵。
　忽忽方近前，寸寸髮毛裂。」[56]

「杜公酷善寫琅玕，運想常在青雲端。
　霜雪不下骨亦寒，但將孤瘦高君品。
　有食肉者敢來看？」[57]

擔當本身亦曾畫竹，有〈題梅蘭竹石圖〉及〈畫竹歌〉，惜並未有畫作遺留下來。

「畫竹不似竹，只為曾食肉。
　今日斷了葷，十指長新綠。」[58]

「老僧畫竹不畫直，畫直參天人不識。
　惟其屈曲肆橫行，盡覆煙雲穿石壁。
　欹斜信筆無阻蕩，高堂大廈相倚傍。
　怕寒不肯近霜陂，愛暖偏能依步障。

---

[55] 參見：〔明〕擔當著，余嘉華、楊開達點校，《擔當詩文全集》，《橛庵草》，〈題杜錦里畫竹二首〉之一，頁 154。

[56] 參見：〔明〕擔當著，余嘉華、楊開達點校，《擔當詩文全集》，《橛庵草》，〈題杜錦里畫竹二首〉之二，頁 154。

[57] 參見：〔明〕擔當著，余嘉華、楊開達點校，《擔當詩文全集》，《橛庵草》，〈題杜錦里畫竹〉，頁 178。

[58] 參見：〔明〕擔當著，余嘉華、楊開達點校，《擔當詩文全集》，《橛庵草》，〈題梅蘭竹石圖〉，〈竹〉，頁 268。

　　風吹弱葉少清踈，雨打低枝無榜樣。

　　幸不畫直徑衝霄。免使駝人空想望。」[59]

由於擔當與杜錦里有這份寫竹之書畫緣，擔當視他為知己，在擔當六十九歲，贈之以《毗山對酒和陶詩畫冊》，冊後跋之曰：

「錦里先生，與余相善。不止為筆墨交。有時以筆墨徵余，余必盡其伎倆以為之。為先生久在簡中，余亦幸逢知己。雞山坐雨，費半月之清閑，寫此冊以似之。為其同好，紙褙有所不顧也。辛丑[60]後七月。擔當。」[61]

自言此畫冊，耗時半月之久，由此可以看出擔當晚年與杜錦里之交情。

　　馮甦（1628-1692），字再來，號嵩庵，浙江臨海縣湧泉人（今之臨海市）。清順治十五年（1658）進士，授雲南永昌郡推官。歷徵江、楚雄（今雲南楚雄自治州）知府。為官不避權貴，嚴懲吳三桂王府為非作歹之家奴，於永昌司署雲南按察使時，為吳三桂所拘。後以計脫逃至粵，與督撫合謀，從粵歸朝回京。彼預知吳三桂必反，請求奉母歸養，朝廷未許，乃遣家屬護送老母自滇還鄉，途中被吳三桂派兵截回。康熙十二年（1673），吳三桂舉兵反清，母親憂死，密書通報清廷簡親王，以明心跡。後清廷查

---

[59]　參見：〔明〕擔當著，余嘉華、楊開達點校，《擔當詩文全集》，《橛庵草》，〈畫竹歌〉，頁181。

[60]　是辛丑年，為南明永曆十五年，清順治十八年，（1661），時擔當六十九歲。

[61]　參見：〔明〕擔當著，余嘉華、楊開達點校，《擔當詩文全集》，《橛庵草》，〈書為杜錦里先生作畫後〉，頁380。

明馮甦在吳三桂反清時，有協謀歸正的行動，授其為廣東巡撫。康熙十六年（1677）任命為刑部右侍郎，隨又晉升為左侍郎。[62]於任內，積極清理積案、平反冤獄，康熙皇帝賞識其才識過人。康熙二十年（1681），清兵欲進軍雲南，詔彼徵詢謀略。尋即辭官歸里，致仕。將所居命名為「知還堂」。著作甚多，編纂有《滇考》、《滇行紀聞》、《劫灰錄》、《撫粵日記》、《南中集》、《蒿庵集》、《奏議語》、《臺考》、《見聞隨筆》、《詔石園稿》、《知還堂稿》，並《楚雄府志》、《臺州府志》等。在滇為僧之擔當，於順治十五年（南明永曆十二年，1658），馮甦在雲南永昌任官起，即與之相識，雖然擔當為僧，然彼時擔當已耄耋之齡，禪修亦有所成就，心態上也已較平和，已不排斥與清廷之官吏往來，且由於馮甦為官正直、愛民護法、極力為民平冤，擔當與之往來頻繁，在擔當之詩文集中，與馮甦往來之詩多達九首，[63]僅次於徐霞客、陳繼儒。且於擔當圓寂後其塔銘亦為馮甦所撰。[64]

　　蒼雪法師（1588-1656），法號讀徹，一號南來，又稱蒼雪讀撤、中峯讀徹；雲南呈貢趙氏子，童年即出家於妙湛寺，後至

---

[62] 參見：〔民〕趙爾巽撰，國史館校註，《清史稿校註　五三六卷》，卷六，〈本紀六‧聖祖本紀一〉，頁181。

[63] 參見：〔明〕擔當著，余嘉華、楊開達點校，《擔當詩文全集》，《橛庵草》，〈寄答天台馮再來〉，頁186。〈途中遇馮再來〉，頁196。〈寄永昌司李馮再來公天台人〉，頁215。〈九日過馮再來署中讀令祖母太夫人詩喜賦〉，頁216。〈司李馮再來持太夫人貞節卷重過十九峰下贈之〉，頁223。〈永昌司李馮再來馮公太夫人之適太封翁也甫一年生公二年太封翁卒今太夫人已周花甲霜居三十七年矣海內士紳奇其守孤之少作詩旌之余亦勉占四律志喜〉，頁224。〈寄天台馮再來宦澄江江有孤山喜賦〉，頁232。〈寄懷武林馮再來宦澄江〉，頁238。〈送司馬馮再來往永昌〉，頁291。

[64] 參見：〔明〕擔當著，余嘉華、楊開達點校，《擔當詩文全集》，附錄二《傳記》，天台馮再來甦撰，〈擔當禪師塔銘有序〉，頁472-473。

雞足山寂光寺為水月禪師侍者，管書記。年十九（一云二十五）開始游方，由滇而至蜀，後至金陵，先後師事古心律師（1541-1616）、雪浪洪恩（1545-1608，修習臨濟宗楊岐派禪法，獨好《華嚴》圓頓之學）、巢松慧浸（?-?，雪浪洪恩之法嗣）、一雨通潤（1565-1624，雪浪洪恩之法嗣），與汰如明河（1588-1640）禪師同為一雨禪師的入室弟子，修習臨濟禪法及學賢首法界觀法。明清之際，汰如住華山，長於著述，讀徹主中峰，善於講說。順治十三年（1656），開講《楞嚴經》於寶華山，未竟，至第二卷末而寂。工詩文善書畫，有《法華珠髻》、《華嚴經海印道場懺儀》、《南來堂詩集》等著作遺世。王士禎稱：「近日釋子詩，以滇南蒼雪為第一。」蒼雪出於滇南，於吳地傳法四十年，以精研佛典，詩文、書畫，見重於一時之士林，如董玄宰、陳眉公、錢牧齋、吳梅村等諸人。由於蒼雪來自於滇南，對從滇游至吳中的擔當，有著同鄉之情，蒼雪較擔當年長五歲。天啟六年（1626）擔當三十四歲時，邀擔當同游虎丘，並賦詩〈同蒼雪大師游虎丘〉：

「蒼公詩中半室秋，喚我秋來游虎丘。
　此時楓葉尚未落，紅黃間雜蘆花洲。
　酒家門外漁歸路，攜酒去爵吳王墓。
　酒杯忽磕風雨來，惹得蟄龍齊發怒。
　可憐何代無英雄，歌舞才歇霸圖空。
　惟有寂寞才長久，不留一狀與人醜。
　半夜鐘聲響至今，豪華畢竟歸烏有。」[65]

---

[65] 〔明〕擔當著，余嘉華、楊開達點校，《擔當詩文全集》，《儴園集》，〈同蒼雪大師游虎丘〉，頁 46。

之後擔當在京應試不第南回時，擔當四處遊山以遣心境，蒼雪賦詩相慰，在〈同陳百史分韻懷滇中唐大來〉云：「獻策南歸去，名山到處登。」並於擔當欲返滇時，以詩贈云：

> 「小艇難禁五兩風，雞山有路幾時通，
> 　殷勤為我傳鄉信，結個茅團在雪中。」

兩人同為他鄉異客，彼此惺惺相惜，此別恐再見無期。擔當回滇之後，亦托友人傳書給蒼雪，蒼雪慨然曰：「數字隨風傳萬里，兩心相見只孤燈。」對此段亂世情誼，特為珍重，陳榮昌（1860-1935，昆明人，光緒九年進士）在其《滇詩拾遺》中曾評：「蒼公涵養性靈，故其詩活潑，擔公帶氣負性，故其詩生峭，二公殊詣如此。」[66] 蒼雪善山水畫，擔當亦善畫，後人有評曰：

> 「滇僧蒼雪，卓錫吳中，與錢牧齋、吳梅村諸公相贈答，故其名籍甚。擔當亦滇僧也，結茅雞足山，足跡不出三迤，名遂出蒼雪之下，要其詩畫，實高出數倍也。」[67]

學蘊法師（1613-1689），法號知空，明末臨濟宗密行寂忍（?-?）禪師法嗣，雲南洱海王氏子。年十四至雞足山寂光寺，禮水月和尚剃度。初從大力、野愚、徹庸、西蜀了凡諸尊宿參禪，後築玉霖軒，閉關數年，戒行精嚴，博通群經。後往參無住和尚，

---

[66] 參見：陳榮昌：《滇詩拾遺》（雲南叢書本），卷5頁27，收入《叢書集成續編》118冊，台北，新文豐出版社，民國78年。轉引自：莊琇婷碩論，《晚明遺民擔當禪師詩畫研究》，頁62。

[67] 參見：〔明〕擔當著，余嘉華、楊開達點校，《擔當詩文全集》，附錄二《畫記》，〈明釋擔當山水卷〉，頁479。

無住示以禪要，久仍無入處，之後至寶靈軒禮《萬佛名經》。一日，心忽焉豁然。方樹梅在《滇南書畫錄》稱其：

> 「慨然曰文字之學不能洞達性宗，乃往參無住和尚，無住示以竅要，久之苦無入處，後至寶靈軒禮萬佛名經，忽大悟，覺身心脫落，內外圓明，如一輪皎月，自謂快爽，難以喻人。」[68]

歷仕開峰南雲、楚雄福城、九臺方廣、廣通仙羊、淨樂等寺。《滇釋記》云其受開峯密行寂忍禪師法嗣，是為臨濟宗三十三世。康熙二十八年（1689）七十七歲端坐而化，塔於雞足山。有《草堂集》、《知空薀禪師語錄》行世。善書畫，陳佐才（1627-1697，號隱石山人）明亡時避居深山時，隨身攜帶著他的山水畫十二幅，稱其「筆墨縱橫，氣韻生動，有空房而無人物，恍然此時流離境也。」[69]擔當與學薀均曾師事水目山無住禪師，擔當遵戒、學薀嗣法，有同門之誼。在《勵耕書屋舊藏山水冊》中，有兩人書畫上交流之記載，此畫冊除了有擔當的自題畫詩外，冊後尚有學薀之題跋：

> 「北海雖奢，扶搖可接，赤水之珠，罔象得之，故祖師受用心空者，得乾坤浩氣；無我者，親至此，正好懸崖撒手，竿頭進步，始解轉身吐氣。便道：得無所得，親無所親，

---

[68] 參見：方樹梅著，《滇南書畫錄》，〈晉寧方氏南荔草堂藏板〉，卷四，頁 11。轉引自：莊琇婷碩論，《晚明遺民擔當禪師詩畫研究》，頁 63。

[69] 參見：陳佐才：《陳翼叔詩集》，叢書集成續編影印雲南叢書本，台北：新文豐，民國 77 年，第 171 冊，卷 4，頁 406。轉引自：莊琇婷碩論，《晚明遺民擔當禪師詩畫研究》，頁 64。

信手拈來，頭頭是道。惟我兄擔當大師是其人也，無何卻被水心禪兄覷破了也。偈曰：『展閱担師詩字畫，片言枝樹難酬價，雲空評處不留情，扯破將來再說話。』己酉春于白鹿群中跋。」[70]

大錯法師（1602-1673），俗名錢邦芑、錢開少，號知非居世、他山大錯。南明永曆年間任巡按四川，撫黔（貴州）、右金都御史。永曆時，依張獻忠大西軍餘部孫可望（?-1660，張獻忠亡後，孫可望與李定國等率大西軍餘部南下攻佔雲貴一帶，繼續抗清，後改投永曆政權。），退居貴州東部，後孫可望以武力挾制永曆朝廷，及因永曆帝昏庸、朝政亂綱廢紀，絕望之餘，於永曆八年（1654）在修文潮水寺削髮為僧。順治十六年（永曆十三年，1659），清兵搜捕，隱於雞足山。次年春，四川憲副曹延生請修《雞足山志》。編纂《永州府志》、《靖江縣志》等志書及詩作《他山詩選》。與擔當友好，有詩文往來，並曾引介擔當至無住法師處剃染、受戒。據傳擔當之號乃與大錯和尚有關：

「據傳已入雞足山為僧的通荷，一日與另一禪友大錯和尚對聯語。通荷出上聯：『東方欲曉天下識』，大錯接著續下聯：『文采風流一擔當』，因人們常稱雲遊和尚為一擔挑和尚，大錯乃借用聯語暗指通荷雖為僧但仍不失文采風流。通荷聽罷，大喜過望，從此便以『擔當』自喻。」[71]

---

[70] 參見：邢文：〈擔當生卒年及其山水──勵耕書屋舊藏山水冊研究〉，《清華漢學研究》頁 51，1997 年 11 月。轉引自：莊琇婷碩論，《晚明遺民擔當禪師詩畫研究》，頁 64。

[71] 參見：朱萬章著，《擔當》，頁 20-21。另按：有些書刊、論文言：「擔當」之意乃是取「荷擔如來家業」，應是該文章作者個人想當然耳。

從此通荷就自號為擔當。

弟子

朱昂（?-?），本名源，字禹源，擔當之外甥。明末其家闔門三百餘口俱遭流寇難死，擔當攜彼至雞足山，令之從學詩、畫，出家後法名把茅，還俗後更名為昂，字子眉。[72] 曾參與編輯《雞足山志》，與大錯和尚、眼藏、仙陀、中也、德音諸道友，攀危陟險，伐山窺穴。雖樵牧絕跡之巔，猿猱卻步之處，無不窮計冥搜，把筆紀勝，從此雞山勝跡，幾無遁隱。工詩，善畫山水，著有《借庵詩草》三卷。[73] 其畫雖源自於擔當，但又與擔當之畫有別，兩者雖有相同之下筆、用墨的技巧，然最大不同之處在於意境不同。

> 「擔當作品大多抒寫胸中塊壘，能將自己心中鬱積的冷寂、幽怨及其願望通過筆墨傳遞出來，所以作品（尤其是晚期）大多呈現出一種枯寂、荒寒與無奈的情愫，行筆也極為放縱，無拘無礙、灑脫自然。朱昂則不同，他的作品還停留在擔當早期所營造的意境中，在部分重複別人筆墨的同時更著重於對「物」的形的刻畫。」[74]

其傳世作品極少。

廣廈（?-?），號廣雪，安寧州（今雲南安寧市）人。俗家姓

72　參見：〔明〕釋通荷撰，《擔當遺詩》卷八，頁 103。
73　參見：法鼓人名資料庫，朱昂、眼藏等條。
74　參見：朱萬章著，《擔當》，頁 179。

沈，因親亡家破，遇擔當和尚，遂薙染從游，入水目山，參無住和尚受戒法，後再隨擔當入雞足山和班山，直至擔當圓寂。擔當逝後，是他乞馮甦為擔當撰寫〈塔志銘〉，並為擔當建塔於佛頂峰下。[75]

　　廣瓜（?-?），號綿綿，事迹不詳，僅知其「氣宇孤清，不親權貴。」《梅溪度語》稱其名號乃擔當先師所命，另有山僧為其作偈語曰：

> 「羨爾精勤廣植園，園中瓜已結綿綿。
> 　甜的徹蒂甜如蜜，苦的和根苦似蓮。
> 　莫把甜的喚作苦，休將苦者認為甜。
> 　直須一一親嘗過，免得遭他當面瞞。」[76]

　　此外，擔當一門尚有長女**唐素蕙**[77]和堂弟**唐華**。唐素蕙九歲即能賦詩，博通書史，鼎革之難時，投井以殉，士人歎之。唐華，字六湛，號南岩居士，明季諸生，明亡後隱居不求仕進，著有《秋雨軒詠草》，卒年六十。[78]

　　擔當自云彼有游癖，其為人又豪爽，性好與人交游，於旅途中常以詩、畫會友，因此在他的一生中有許多的詩友、畫友，這些詩友、畫友中，僅有一些是終其身之至交，有很多是僅有一面

---

[75] 參見：孫太初著，《雲南古代石刻叢考》，文物出版社，1983 年 12 月第一版。轉引自：朱萬章著，《擔當》，頁 180。

[76] 參見：陳垣著，《明季滇黔佛教考》，中華書局，1962 年 7 月第一版。轉引自：朱萬章著，《擔當》，頁 180。

[77] 擔當無子，有五女，然僅有長女有載。

[78] 參見：朱萬章著，《擔當》，頁 180。

之緣，也有些甚或未謀面，然彼與這些友人，以書畫相贈或詩文互相唱和往來，在他的詩畫集中留下了足跡。於其晚年為僧後，亦常有官員、仕紳來拜會他，他也都隨緣接見，胸襟開闊，大方地會見來訪的人們。但真正與擔當深交者不多，大半多是與擔當之個性、氣質相近的文人、詩人、畫家或禪師，與這些人相互的贈詩、送畫。擔當也常因友及友，這份人與人之間的情誼，出自於衷心的善意，結交了這些名士友人，雖然擔當一生未仕，但透過這些宦遊的文人、禪門師友的關係上，擔當走完了他「士而沙門」、「沙門而士」，最終而放下諸緣之禪師的一生。

第四章　擔當繪畫理念與表現之技法

　　擔當於三十三、四歲時始習繪畫，師事董其昌，初臨董源、米芾、元四家之畫，但受董之影響較大的則是其書法，其繪畫則多受倪瓚之蕭疏、簡淡之逸格畫風以及來自於其自身之禪思的影響，尤其是晚年之作品，多禪意盎然，並且自創出風格，陳傳席云：「明代山水畫真正稱得上禪畫的只有擔當一人而已」。[1]

第一節　擔當繪畫之理念

　　現今擔當所留存的書畫作品，大約有一百一十件，[2]其中書、畫約略各半，書法以行書、草書為主，而畫作則以山水畫為主，僅有少數幾幅人物畫，另其雖有〈題梅蘭竹石圖〉四首詩，[3]言及花鳥蔬果畫，但並不見有畫作留存下來。且現今所留存下來之書畫，多是其為僧後晚年（五十歲以後，擔當、普荷時期）之作，一方面因其為僧前（唐泰、大來時期）作畫不多，另一方面則是

---

[1]　參見：陳傳席著，《中國山水畫史》，頁388。
[2]　參見：胡吉連碩論，《明遺民擔當書法研究》，頁1。按：若不以冊論，以單幅計則將約計有二百多幅（參見：李昆聲著，《雲南藝術史》，頁240。）
[3]　參見：〔明〕擔當著，余嘉華、楊開達點校，《擔當詩文全集》，《橛庵草》，頁268。

在他出家之後，曾致書友人們要求回收署名唐泰之畫作銷毀（按：可能是彼覺得那時之作不成熟、不滿意吧！）。

　　他的山水畫，畫面一片煙雲濛濛，師法玉澗（若芬，1180?-1260?）、牧谿（法常，1207-1291）之瀟湘八景圖，更加以突破，他的「雲」一大片的佔滿畫面之主位，把山腳或遠山給遮蔽掉，在畫面上呈現一大片的煙雲茫茫。[4] 雖然擔當在青、壯年時期，曾遍遊了大半之中國，但因其出生於滇，又長年居於滇，看慣了西南邊陲喀斯特地貌（參見下圖），[5] 因之，他的「山」多呈現出喀斯特地貌之特徵，不同於荊（浩，?850-?911）、關（仝，?-960）之巨碑式山水，及董（源，?-962）、巨（然，?-? 五代時人）、及元四家之江南山水，別具一番特色。

　　擔當繪畫初學董源、米芾（1051-1107）、元四家[6]之畫，雖經董其昌、陳繼儒之指導，但受董之影響較大的則是其書法，其畫則多受倪瓚之蕭疏、簡淡、清冷之逸格畫風以及來自於其自身之

4　參見：鈴木敬（1920-2007，日本之美術史學家）之〈担当とその周辺、繪画について〉指出，擔當把模糊的雲彩當成有形物，而把那塊雲固定在畫面裡，這是擔當畫的很大特色，所以在他的作品裡看不到被雲霞消掉的山腳或遠山。日本東京，《美術史論叢》，2002 年第 18 期，頁 98。轉引自：莊琇婷碩論，《晚明遺民擔當禪師詩畫研究》，頁 153。

5　喀斯特地貌（karst topography），地質術語稱為岩溶地貌，又稱石灰岩地形，是具有溶蝕力的水長期對可溶性岩石進行溶蝕作用下，所形成的地貌和地形的總稱。中國西南地區石灰岩地形、地貌，分佈很廣，面積約達 55 萬平方公里。尤以廣西地區面積最廣大，達 12 萬平方公里，約占廣西地區面積的百分之六十。另外貴州和雲南東南部亦各約占其地區面積之半。

6　元四大家，明代中葉時，原是指：趙孟頫（1254-1322）、吳鎮（1280-1354）、黃公望（1269-1354）、王蒙（1308-1385）四人；明末董其昌則改以倪瓚取代趙孟頫，形成了黃公望、王蒙、倪瓚、吳鎮四人之說法而流傳下來。他們都擅長以水墨畫山水畫，為明清之後，山水畫家臨摹、學習的對象。

圖2：喀斯特地貌。引自：人間福報，hllpswww.merit-times.comNewsPage.aspxunid=57249320
23.04.21 擷取。

禪思的影響，尤其是晚年之作品，多禪意盎然，並且自創出風格，
陳傳席云：「明代山水畫真正稱得上禪畫的只有擔當一人而已」。
擔當並無傳下專述畫論之論者，其繪畫之理念散見於其題畫詩、
贊、跋及其詩文集之中，本文將之整理分述於下：

圖3：〈千峰寒色山水詩文冊頁〉之五，紙本水墨，22.9 x 34.5 cm。引自：李昆聲主編，《擔當
書畫全集》，圖六十。

圖右上方題有贊：

　　生動處必須三日坐臥其下

　　擔當早年學畫時，很重視寫生，他曾題寫黃公望隨身皮袋囊中攜帶速寫紙筆的畫訣──〈大癡畫訣〉（見下圖）：

圖 4：〈山水詩文手卷〉（局部），紙本水墨，29.5 x 429 cm，現藏於雲南省文物總店。引自：李昆聲主編，《擔當書畫全集》，圖四二。

手卷上書：

　　「皮袋中置描筆在內，或於好景處，見樹有怪異，便當模寫記之，分外有發生之意。登樓望空闊處氣韻，看雲采，即是山頭景物。李成、郭熙皆用此法，郭熙畫石如雲。古人云：『天開圖畫者是也。』大癡畫訣　唐泰書」，[7]

署名唐泰書，可見是其早年之作。

　　擔當初習畫之時間，推估應在其三十三歲赴京應禮部之試不第後，回程南遊至南京、華亭之際，拜董其昌為帥時，向董學習書畫，董其昌一向重視臨摹，想必董必定會要求擔當多作臨摹，

---

[7]　參見：〔元〕黃公望撰，〈寫山水訣〉，收錄入：于安瀾編，《畫論叢刊》上，頁 56。

在臨摹之餘，還需要寫生，所謂之「外師造化，中得心源」。[8]從寫生、臨摹中學習，進而突破創造出自己之風格。擔當在後來有大量「仿某某」之畫作，這些畫作雖名之為「仿」，然彼等實為「意仿」、「意臨」，筆意擬仿而已，絕不求形似，這些畫作皆為擔當自其胸中流出的。他在〈嘲臨摹古畫者〉詩中寫道：

　　「艷質曾誇舊美人，胭脂不染隔年春。
　　　西施雖有傾城色，憔悴多因一效顰。」[9]

嘲笑、反對形象肖似之臨摹。

圖5：〈千峰寒色山水詩文冊頁〉之四，紙本水墨，22.9 x 34.5 cm。引自：李昆聲主編，《擔當書畫全集》，圖六十。

---

[8] 〔唐〕張璪（?-?）之畫論名言。參見：〔唐〕張彥遠撰，《歷代名畫記》卷十。收錄在《畫史叢書》（一），頁121。

[9] 參見：〔明〕擔當著，余嘉華、楊開達點校，《擔當詩文全集》，《橛庵草》，〈嘲臨摹古畫者〉，頁296。

圖右上方題贊曰:

> 開卷即無下筆處
> 識者不可草草放過

擔當早年學畫雖從董源、米芾、元四家下手,然而因其凜性
清寂、澹泊,後又入禪,彼與倪瓚氣習較相近,其畫風也頗有倪
畫空寂、蕭淡、清冷之意。在其詩集《橛庵草》,〈題畫十一首〉
中有

> 「大半秋冬識我心,清霜幾點是寒林。
> 荊關代降無蹤影,幸有倪存空谷音。」[10]

由此詩可體會出擔當對倪瓚之推崇。倪瓚曾云:「僕之所畫者,
不過逸筆草草,不求形似,聊以自娛耳。」[11]逸筆草草不是草率、
潦草,而是超逸、簡遠、樸素、淡雅,是「工而後逸」,在文人
畫中為逸格,在禪畫中則為脫俗、簡素、枯高、幽玄、寂靜。擔
當的繪畫在冷、逸方面,雖似倪雲林,但他超越於倪雲林之處,
在於其禪境之表現。

---

[10] 參見:〔明〕擔當著,余嘉華、楊開達點校,《擔當詩文全集》,《橛庵草》,〈題畫十一首〉,頁 361。

[11] 參見:〔元〕倪瓚撰,《清閟閣全集‧論畫》卷十〈答張藻仲書〉:「……僕之所謂畫者,不過逸筆草草,不求形似,聊以自娛耳……。」收錄於《歷代論畫名著彙編》,頁 205。

圖6：〈山水冊頁〉之八，紙本水墨，24.9 x 25.2 cm，現藏於北京故宮博物院。引自：李昆聲主編，《擔當書畫全集》，圖六二。

圖左上方題贊曰：

支離老手非熟極而生不可
擔當

擔當另在其詩集中之〈題畫〉詩云：

「世人寫山川，汨汨化工死。

只欲肖形似，支離畫之理。

阿誰著此筆，形似焉可擬。

胸懷淡且虛，鴻蒙兆於此。」[12]、

「有墨不為奇，無師是我師。

老來多信手，何處得支離！」[13]

支離情境而後融會於心、成竹於胸，畫作自然而然地由心中流溢
而出。

圖7：〈千峰寒色山水
　　詩文冊頁〉之
　　六，紙本水墨，
　　22.9 x 34.5 cm。
　　引自：李昆聲主
　　編，《擔當書畫
　　全集》，圖六十。

圖左上方題贊曰：

---

[12] 參見：〔明〕擔當著，余嘉華、楊開達點校，《擔當詩文全集》，《橛庵
草》，〈題畫〉：「世人寫山川，汨汨化工死。只欲肖形似，支離畫之理。
阿誰著此筆，形似焉可擬。胸懷淡且虛，鴻濛兆於此。宛在無極前，古意
生片紙。墨經幾霜剝，玄氣流不止。迫視迥茫然，細觀見紅紫。山頭夕陽
沒，山根落潭底。牛巷屋角出，犬吠枯樹裡。依稀鄰莊近，樓台不逾咫。
其中有高人，焚香讀莊子。欲往步前踪，無梁度深水。」，頁159。
[13] 參見：〔明〕擔當著，余嘉華、楊開達點校，《擔當詩文全集》，《橛庵
草》，〈題畫〉，頁263。

此筆是熟中生，全無筆墨矣

擔當身為董其昌之弟子，自詡得其嫡傳，且對之極為崇敬，一直到晚年還時時感懷於心，

「太史堂高不可升，那知萬里有傳燈。
　從來多少江南秀，指點滇南說老僧。」

他師從董其昌學書畫，熟習董其昌之書畫理論：「畫與字各有門庭，字可生，畫不可熟；字須熟後生，畫須生外熟。」[14] 擔當不但嫻熟此理論，還內化了此理論：「畫須生而後熟，熟外再熟，熟極而至超越了筆墨，以至於全無外在筆墨可循。」清方薰在《山靜居論畫》中亦云：「學不可不熟，熟不可不化，化而後有自家面目。」[15] 真如其自謂「此筆是熟中生，全無筆墨矣」。

圖 8：〈山水人物冊頁〉
之一，紙本水墨，
50.8 x 33.2 cm，
現藏於四川省博
物館。引自：李
昆聲主編，《擔
當書畫全集》，
圖五三。

[14]　參見：〔明〕董其昌著，屠友祥校注，《畫禪室隨筆》，頁 132。
[15]　參見：李來源、林木編著，《中國古代畫論發展史實》，上海人民美術出版社，1997.04。頁 372。轉引自：楊曉飛碩論，《洗盡鉛華不染塵　擔當畫學研究》，頁 7。

圖左上方題有贊云：

> 畫中筆意與書法元無二理
> 知此畫方可以授以二王墨妙
> 　　　　　擔當

圖9：〈山水冊頁〉之十六，
紙本水墨，24.9 x 25.3
cm，現藏於北京故宮
博物院。引自：李昆
聲主編，《擔當書畫
全集》，圖六二。

圖左上方題有贊云：

> 非懷素草書自序（按：敘）
> 卓不能比其萬一也
> 　　　　　擔當

　　擔當於繪畫筆法，主張「以書入畫」，將他精湛、老辣的書
法技巧，融入到其繪畫之中，尤其是以草書之筆法、筆意來作畫：

「書畫從來是一家，煙雲動處走龍蛇。
　時人才欲尋蹤影，蘆荻花飛月已
斜。」[16]、

「山僧愛山性所狃，草筆儼如峰倒插。
　峰頭不雨走龍蛇，畫中誰信有書
法？」[17]

他的畫中，

「有潑墨揮灑，亦有單線勾勒，用筆
時而中側交替，飛動飄逸，有如驚鴻
一瞥；時而禿筆中鋒，古拙老辣，有
如屋漏痕、錐畫沙；時而倒筆皴擦，
橫掃豎抹，全無章法。」[18]

正如其自謂「煙雲動處走龍蛇」、「畫中誰
信有書法？」。

圖 10：〈無稿山圖軸〉，
綾本水墨，155.1
x 48 cm。雲南省
博物館編，引自：
李昆聲主編，《擔
當書畫全集》，圖
二六。

---

[16]　參見：〔明〕擔當著，余嘉華、楊開達點校，《擔當詩文全集》，《橛庵
草》，〈題畫六首〉，頁318。
[17]　參見：〔明〕擔當著，余嘉華、楊開達點校，《擔當詩文全集》，《橛庵
草》，〈題畫六首〉，頁319。
[18]　參見：尹增才撰，〈論擔當禪畫藝術的本真之美〉，玉溪師範學院學報，
第30卷，2014.08。頁52。

上圖左上方題贊曰：

> 老來手拙性亦慳
> 得趣乃在遊戲間
> 篆籀可學筆不古
> 不如槃礴無稿山
> 　　　　擔當[19]

擔當晚年寫山水「外師造化，中得心源」、「胸有成竹」，然後下筆，畫隨心中之禪境、禪意順筆而出，哪須先打草稿？陳傳席對此則云：

> 「『得趣乃在遊戲間』，可知其畫乃隨意而出，實則乃是他（擔當）自己精神中所有，在遊戲禪悅中所得。〈無稿山〉即非來自真山，其山乃禪之化身也。他畫的乃是禪，非山也。」[20]

郭熙（1020-1090）在其《林泉高致・山水訓》中言：「（山）以煙雲為神采」、「（山）得煙雲而秀媚」，[21] 強調煙雲在山水畫中極為重要。擔當之山水畫，也多表現出煙雲濛濛、雲煙繚繞、空靈靜寂，彼承襲了玉澗（若芬）、牧谿之瀟湘八景圖的畫風，從而更加的自在與突破傳統。

---

[19] 參見：〔明〕擔當著，余嘉華、楊開達點校，《擔當詩文全集》，《橛庵草》，〈題畫十一首〉，頁361。

[20] 參見：陳傳席著，《中國繪畫理論史》，頁175。

[21] 參見：〔北宋〕郭熙撰，《林泉高致・山水訓》：「山以水為血脈，以草木為毛髮，以煙雲為神彩。故山得水而活，得草木而華，得煙雲而秀媚。」收錄入：收錄於《宋人畫學論著》，頁277。

第二節　擔當繪畫之表現技法

　　擔當的繪畫，水墨畫及書法的表現，在筆墨之剛柔、輕重、
緩疾、枯潤、虛實、生熟、巧拙的變化上。他的中鋒之筆線，線
條凝練；側鋒之皺擦，疏落有致；折帶筆線矯繞多姿；潑墨則痛
快淋漓；惜墨則滿紙飛白、煙雲濛濛；尤其是他的焦筆濃墨點苔，
更是力透紙背！

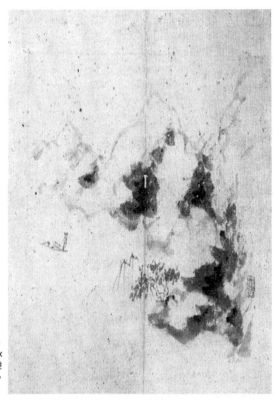

圖 11：〈再作不可山水詩文冊頁〉
　　　　之四，紙本水墨，20.3 x
　　　　24.2 cm。引自：李昆聲
　　　　主編，《擔當書畫全集》，
　　　　圖五八。

　　此畫無題，畫中潑墨、惜墨，一片煙雲濛濛，顯現出曹洞宗
之空靈、靜寂之禪境，擔當有詩云：

> 「畫棟珠帘莫可擬，長松怪石在於此。
> 　老僧一掃盡成灰，筆下何曾有山水。」[22]、

> 「僧老手就拙，千山只一揮。
> 　胸中墨水盡，紙上雪花飛。」[23]

世間何曾有山水？《華嚴經》中，覺林菩薩言：「譬如工畫師，
分布諸彩色，虛妄取異相……而由心故畫……能畫諸世間……一
切唯心造。」[24] 擔當在〈為秘傳作畫書後〉跋言：

> 「大地山河，影也；微塵世界，影也；千二百五十人，影
> 也；六十二億名字，影也。影乎？影乎？吾無影乎？爾也，

---

[22] 參見：〔明〕擔當書，《行書詩冊》（十開，絹本，29.5x18.5cm，香港中文大學文物館藏），第五開。轉引自：朱萬章著，《擔當》，頁152（詩）、157（行書）。

[23] 參見：〔明〕擔當著，余嘉華、楊開達點校，《擔當詩文全集》，《橛庵草》，〈題畫二十首〉，頁257。

[24] 參見：《大方廣佛華嚴經》卷19：覺林菩薩承佛威力，遍觀十方而說頌言：「譬如工畫師，分布諸彩色，虛妄取異相，大種無差別。大種中無色，色中無大種，亦不離大種，而有色可得。心中無彩畫，彩畫中無心，然不離於心，有彩畫可得。彼心恒不住，無量難思議，示現一切色，各各不相知。譬如工畫師，不能知自心，而由心故畫，諸法性如是。心如工畫師，能畫諸世間，五蘊悉從生，無法而不造。如心佛亦爾，如佛眾生然，應知佛與心，體性皆無盡。若人知心行，普造諸世間，是人則見佛，了佛真實性。心不住於身，身亦不住心，而能作佛事，自在未曾有。若人欲了知，三世一切佛，應觀法界性，一切唯心造。」，（CBETA 2023.Q1, T10, no. 279, p. 102a9-b1）。

今此之影。樹耶？雲耶？人耶？物耶？有相之相耶？無色之色耶？人工天巧皆不可知。但居此者，雖在影中，實在影外。一切有形、無形，無非夢幻。夢幻破滅，無形？有形？」[25]

金剛經上亦云：

「一切有為法，如夢幻泡影，
　如露亦如電，應作如是觀。」[26]

在構圖上，擔當開創了他的獨特之構圖法，就是「險筆」[27]的構圖法，這種構圖不同於傳統的四平八穩之構圖法，在構圖上製造出不平衡的感覺，到處留白，上一片、下一片、左一塊、右一塊，造成紛紛搖搖，歪歪倒倒的構圖，突破了南宋以來之「馬一角、夏半邊」[28]的定性格局。造成一種「險」的局面，最特別的是，在於「險」中巧妙地找到平衡，達到一「不可說」之超然境界。更是符合了久松真一的禪畫之七要素：「不均齊」、「自然」、「幽玄」、「脫俗」之境界。

---

[25] 參見：〔明〕擔當著，余嘉華、楊開達點校，《擔當詩文全集》，《橛庵草》，〈為秘傳作畫書後〉，頁 380-381。

[26] 參見：《金剛般若波羅蜜經》，（CBETA 2023.Q1, T08, no. 235, p. 752b28-29）。

[27] 參見：李昆聲著，《雲南藝術史》：「現代書畫理論家黃苗子稱此畫為大膽而成功之『險筆』。」頁 238。

[28] 馬遠（1160-1225）、夏圭（?-?，約與馬遠同時），他們的山水畫，幾乎都舍棄了中景、遠景，只留近景之半邊或一角落，或為山之一角，或為水之一汀；畫面上大面積的留白，以示空曠縹緲之境界。如此的構圖，似虛而實，虛中帶實，產生了一種簡素、空寂、幽玄、脫俗之感覺，時人稱之為「馬一角夏半邊」。

圖 12：〈山水墨稿冊頁〉之二十，紙本水墨，17.5 x 23 cm。引自：李昆聲主編，《擔當書畫全集》，
　　　　圖五九。

　　此畫無題，圖上處處留白，留白亦是禪畫之一大要素，取禪
中之「言語道斷」、[29]「不立文字」之意。擔當有詩云：

　　　「不衫不履達人風，展手羞稱院體工。
　　　　老衲筆尖無墨水，要從白處想鴻濛。」[30]

另亦有〈題畫〉詩：

[29]　《法演禪師語錄》卷3：「言語道斷，而未始無言；心法雙亡，而率相傳法。
　　　有得兔忘蹄之妙，無執指為月之迷。」（CBETA 2023. Q1, T47, no. 1995,
　　　p. 668c12-13）
[30]　參見：〔明〕擔當著，余嘉華、楊開達點校，《擔當詩文全集》，《橛庵
　　　草》，〈題畫十一首〉，頁361。

「冷雲散盡不堆藍，飛瀑如虬撼古庵。
　天趣若隨吾筆轉，畫禪無墨教誰參？」[31]、

「過人丘壑總難登，應接從教策短藤。
　三昧在於無墨處，不須畫裡見癡僧。」[32]

黃賓虹亦有云：「（擔當）畫法虛處難於實處，其妙要從禪悟中
來。」[33]

　　擔當之人物畫，則承襲了石恪、梁楷一脈之簡筆畫，頭臉稍
工、眼目口鼻傳神，衣紋則用中鋒粗、細筆線勾勒，簡單飄逸。
另其山水畫中之人物，則形簡神具，用極簡單之筆線勾畫出身軀
四肢，形如「稻草人式」之人物姿態，簡單俐落幾筆，一個活潑、
生動、逸趣的小小人物，就躍然紙上。眼鼻耳目則用自創之「釘
耙鬍子豌豆眼」，隨筆點畫出，意趣盎然，參見下圖。

　　近代美術理論家李偉卿（1919-?，《雲南民族美術史》主編）
總結擔當的繪畫藝術風格云其：

---

[31]　參見：〔明〕擔當著，余嘉華、楊開達點校，《擔當詩文全集》，《橛庵
　　　草》，〈題畫十一首〉，頁340。
[32]　參見：〔明〕擔當著，余嘉華、楊開達點校，《擔當詩文全集》，《橛庵
　　　草》，〈題畫六首〉，頁293。
[33]　參見：黃賓虹，《釋普荷詩畫合冊》：「老衲筆尖無墨水，要從白處想鴻濛。
　　　此擔當上人自題畫句也。畫法虛處難於實處，其妙要從禪悟中來。」，轉
　　　引自：盧英碩論，《沙門而士，士而沙門：擔當山水畫略論》，頁30。

圖 13：擔當山水畫中之人物畫法示意圖。引自：李昆聲主編，《擔當書畫全集》，（局部）。
圖左上：〈仿元人山水圖軸〉局部，圖二；
圖左下：〈山水圖卷〉局部，圖四六；
圖中上：〈山水人物冊頁〉局部，圖五一；
圖中下：〈如讀陶詩山水詩文冊頁〉局部，圖六四；
圖右上：〈如讀陶詩山水詩文冊頁〉局部，圖六四；
圖右下：〈山水人物斗方〉局部——「釘耙鬍子豌豆眼」，圖四五。

「筆墨上，拙中藏巧、以少勝多；

　章法上，支離求全、散亂存理；

　造型上，單純簡潔、形神兼備；

　意境上，情融景中、意在畫外。」[34]

　　邢文亦在其〈"五僧"說〉中云：「就藝術成就而言，擔當繪畫風格獨出，個性極強，是禪畫藝術的高峰；擔當論畫，深契畫道禪理，是美術史上以禪論畫最偉大的畫家。」[35]

---

[34] 轉引自：李昆聲主編，《擔當書畫全集》，〈擔當——中國美術史上的巨匠（代序言）〉。

[35] 參見：邢文，〈"五僧"說〉，《江蘇畫刊》，1992.08。轉引自：朱萬章《擔當》，頁 252。

第五章　擔當繪畫之禪思

　　「畫中無禪，惟畫通禪」，畫卷本身本來就非禪，禪是存在於由畫中流溢出之意、境；陳傳席言：

> 「擔當的畫並不在其畫本身，他的畫既不類，又不講究形，更無色彩……在擔當畫中，形、色都令人視而不見，但見一片空、寂、冷、清氣氛，皆禪意也。若以形、類、色來論畫，他的畫形不形，色不色，什麼也不類。」[1]

但其畫內涵豐富、禪意盎然。依據日本學者久松真一於《禪與美術》中提出禪畫之七大特色：「不均齊」、「簡素」、「枯高」、「自然」、「幽玄」、「脫俗」、「寂靜」來審視，擔當之繪畫，十分明顯地表現出禪畫之特色，禪意盎然。底下本文將舉數幅擔當之畫作，略述其繪畫之禪思、及其畫中之禪境。

第一節　擔當之山水畫

　　以下將以擔當較廣為人知之數幅繪畫，略述其所意涵之禪思、禪意：

---

[1]　參見：陳傳席著，《中國繪畫理論史》，頁 174-175。

圖 14：〈山水人物圖卷〉，紙本設色，25.5 x 102 cm，現藏於麗江東巴文化博物館。引自：李昆
　　　聲主編，《擔當書畫全集》，圖五五。

圖卷末上方題有：

　　　畫中無禪　惟畫通禪
　　　將謂將謂　不然不然
　　　為惟默兄
　　　　　　　擔老人

畫卷本身本來就非禪，禪是存在於由畫中流溢出之意、境；畫中
之空靈、枯寂、幽玄之意境，及畫者透過其筆墨之逸趣，將出其
心中之禪意、禪境表露出來與外化，讓觀者見畫而知禪、覺禪。
畫正如「指月之指」，大慧宗杲禪師云：「譬如以手指月，手之
與月，初不相干，然知手之所指，則知月之所在。」、[2]「如指
月示人，當須看月，莫認指頭。」[3] 所以擔當云「畫中無禪，惟
畫通禪」，以畫來示其禪境、禪意。

---

[2]　《大慧普覺禪師語錄》卷 1：「譬如以手指月，手之與月，初不相干，然
　　知手之所指，則知月之所在。」，（CBETA 2023.Q1, T47, no. 1998A, p.
　　811a5-8）。
[3]　《大慧普覺禪師語錄》卷 13：「如指月示人，當須看月，莫認指頭。」，
　　（CBETA 2023.Q1, T47, no. 1998A, p. 864a28）。

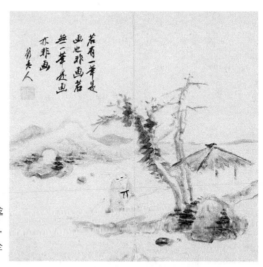

圖15:〈山水人物冊頁〉之一,金箋水墨,33.2 x 50.8 cm,現藏於四川省博物館。引自李昆聲主編,《擔當書畫全集》,圖六三。

圖中畫三棵老樹一枯石,一老僧趺坐於下,其左後方不遠處有一草亭,其後方有淡淡的遠山作為背景,整個畫面顯得空曠、清幽、恬靜,禪意盎然。

圖之左上方題:

> 若有一筆是畫也非畫
> 若無一筆是畫亦非畫
> 　　　　擔老人

畫本身不應該只是畫而已,畫應該具有更多的意涵;應該是作畫者表達他心中所內涵之禪意、禪境來。陳傳席言:

> 「擔當的畫並不在其畫本身,他的畫既不類,又不講究形,更無色彩⋯⋯在擔當畫中,形、色都令人視而不見,但見

一片空、寂、冷、清氣氛，皆禪意也。若以形、類、色來論畫，他的畫形不形，色不色，什麼也不類，確無一筆是畫。」

這就是擔當所謂之「若有一筆是畫也非畫，若無一筆是畫亦非畫」。

圖 16：〈山水題詩橫軸〉（又名〈為秘傳作山水圖卷及跋文〉），紙本水墨，29 x 133 cm。現藏於雲南麗江東巴文化博物館。引自：李昆聲主編，《擔當書畫全集》，圖五四。

圖為一長一米三三之橫軸卷軸，雨中山林，煙雲濛濛，一片氤氳，林中深處有數小屋。款題為：「癸未[4]夏日雨中似秘傳兄　唐泰」，卷末題有長跋：

> 余初入山來，未知此山道路，亦不知此山佛剎有某某、僧者有某某。偶遇秘傳兄來索畫，問其所居，云：『在倒影處』。余嘆曰：『大地山河影也；微塵世界影也；千二百五十人影也；六十二億名字影也。影乎？影乎？吾無隱乎？爾也，今此之影。樹耶？雲耶？人耶？物耶？有相之相耶？無色之色耶？人工天巧皆不可如！但居此者，雖在影中，實在影外。一切有形、無形、夢幻、夢破幻滅，無形？有形？』秘兄曰：『今而後，吾從實處著腳矣。』當時雲散天青，圖實中加一鐵屑，障夫矣！孰為倒影？　唐泰。[5]

圖上：雨中山林，煙雲濛濛，一片氤氳；跋文中：影中、影外；有形、無形；夢幻、夢破幻滅；孰為倒影？實耐人尋味，需得仔細參一參！

---

[4]　為崇禎十六年（1643），時擔當剛在雞足山出家為僧之隔年，尚未受戒，故署名為唐泰。

[5]　參見：〔明〕擔當著，余嘉華、楊開達點校，《擔當詩文全集》，《橛庵草》，《序跋文論》，〈為秘傳作書書後〉，頁3380-381。（按：書中所錄之文，與圖上之跋文，文字有一點點小出入，本文以圖上之跋文為準。）

圖17：〈樹倒藤枯圖卷〉，紙本水墨，28 x 545 cm。現藏於四川省博物館。引自：李昆聲主編，《擔當書畫全集》，圖四九。

圖為一長五米半之橫軸卷軸，題款為「樹倒藤枯」，[6]無題詩、贊，卷末署：「庚寅仲春為法潤[7]老師寫　擔當」為擔當五十八歲（1650）時，在雞足山為其師兄或師長所畫之作。法潤法師禪律雙修，擔當畫此「公案禪畫」贈與他。

「樹倒藤枯」為北宋時之一禪宗公案：疎山（匡仁禪師，845-935）到溈山（大安禪師，793-883），便問：「承師有言：『有句無句，如藤倚樹。』忽然樹倒藤枯，句歸何處？」溈山呵呵大笑。疎云：「某甲四千里，賣布單來，和尚何得相弄？」溈喚侍者，取錢還者（按：這）上座。遂囑云：「向後有獨眼龍，為子點破去在。」後到明昭（德

6　按：有些書刊、論文誤讀為「樹倒葉枯」，為錯誤之解讀。

7　參見：法鼓人名資料庫，法潤（1596-1670），俗姓杜，九歲從雞足悉檀寺本無大師披剃。深儒學，精律部，禪律雙修。崇禎戊寅（1638），同麗江知府木靖、僧道真鼎建尊勝塔院。辛巳年（1641），往朝普陀，又請嘉興府《藏經》一部歸貯，奉悉檀寺大殿。晚年終朝禮佛誦經，康熙庚戌（1670）年九月二十五圓寂。

謙，?-? 五代時人）舉前話，昭云：「溈山可謂頭正尾正，只是不遇知音。」疎復問：「樹倒藤枯，句歸何處？」昭云：「更使溈山笑轉新！」疎於言下有省。乃云：「溈山元來笑裡有刀。」頌曰：

> 「藤枯樹倒問溈山，大笑呵呵豈等閑。
> 笑裡有刀窺得破，言思無路絕機關。」、[8]

後琅邪（慧）覺和尚（?-?，北宋時人）示眾時亦云：「有句無句，如藤倚樹。樹倒藤枯，恰好喫棒。你且道過在甚麼處？」良久云：「不是僧繇手，徒說會丹青。」[9]

此公案之意為：二元對立的現實世界——有句無句，實際上是錯誤之見解——「恰好喫棒」；世上之一切事物，縱如圖上之綺麗的風光，也都是因緣和合，相依相成的——「如樹倚藤」；因緣一旦離散，一切就敗壞、消失——「樹倒藤枯」。

擔當很喜歡畫垂釣圖，留存下來之垂釣圖有四、五幅之多，此幅畫無題款。垂釣圖常令人想到船子德誠渡化夾山善會之公案。[10]

---

[8]　《宏智禪師廣錄》卷 2，（CBETA 2023. Q1, T48, no. 2001, p. 26b7-17）。

[9]　《正法眼藏》卷 1，（CBETA 2023. Q1, X67, no. 1309, p. 563a8-10 // Z 2:23, p. 7d14-16 // R118, p. 14b14-16）。

[10]　《聯燈會要》卷 21：「（道）吾云：『某甲終不說，可參華亭船子誠和尚去。』（夾山）師云：『此人如何？』吾云：『此人上無片瓦遮頭，下無卓錐之地，若去宜易其服。』師乃散眾、易服，徑造華亭。（德）誠見師來，便問：『大德住甚麼寺？』師云：『似則不住，住則不似。』誠云：『不似，又不似簡甚麼？』師云：『不是目前法。』誠云：『甚處學得來？』師云：『非耳目之所到。』誠云：『一句合頭語，萬劫繫驢橛。』誠又問：『垂絲千尺，意在深潭。離鉤三寸，子何不道？』師擬開口，誠拈橈子，驀脊打落水中。師纔上船，誠急索云：『道！道！』師擬開口，誠又打。師豁然大悟，乃點頭三下。誠云：『竿

圖 18：〈如讀陶詩山水詩文冊頁〉之十二，紙本水墨，27.8 x 37 cm。引自：李昆聲主編，《擔當書畫全集》，圖六四。

德誠禪師有詩云：

> 「三十年來坐釣臺，釣頭往往得黃能。
> 金鱗不遇空勞力，收取絲綸歸去來。
> 千尺絲綸直下垂，一波纔動萬波隨。

頭絲線從君弄，不犯清波意自殊。』師遂問：『拋綸擲釣，師意如何？』誠云：『絲懸淥水浮，定有無之意。』師云：『語帶玄而無路，舌頭談而不談。』誠云：『釣盡江波，金鱗始遇。』師乃掩耳。誠云：『如是！如是！』即囑師云：『向去直須藏身處沒蹤跡，沒蹤跡處莫藏身。吾二十年在藥山，只明斯事。汝今既得，他後不得住城隍聚落，但向深山裏钁頭邊，覓取一箇半箇接續，無令斷絕。』師即辭行，頻頻回顧。誠喚云：『闍梨！闍梨！』師回首，誠豎起橈子云：『汝將謂別有那？』乃覆舡入水而逝。」（CBETA 2023.Q1, X79, no. 1557, p. 179a4-20 // Z 2B:9, p. 386a13-b11 // R136, p. 771a13-b11）。

夜靜水寒魚不食，滿舡空載月明歸。」[11]

苦苦等了三十年，終於等到了一個機緣相應之弟子來嗣法之禪宗傳法公案。

圖 19：〈如讀陶詩山水詩文冊頁〉，紙本水墨，27.8 x 37 cm。引自：李昆聲主編，《擔當書畫全集》，圖六四。

圖 20：〈如讀陶詩山水詩文冊頁〉之二，紙本水墨，27.8 x 37 cm。引自：李昆聲主編，《擔當書畫全集》，圖六四。

---

[11] 《聯燈會要》卷 19，（CBETA 2023.Q1, X79, no. 1557, p. 169a10-13 // Z 2B:9, p. 375c4-7 // R136, p. 750a4-7）。

圖 21：〈如讀陶詩山水詩文冊頁〉之二十二，紙本水墨，27.8 x 37 cm。引自：李昆聲主編，《擔當書畫全集》，圖六四。

　　欣賞（擔當的）畫作，如同品讀陶淵明（365-427）之詩一樣，心情怡然自得，悠然見南山，心中充滿著禪悅、洋溢著禪意。

　　蘇軾（1037-1101）主張詩的妙處，當如禪之能耐人尋味、參之而悟，或可說妙悟。蘇轍（1039-1112）之弟子韓駒（1080-1135），曾言：「詩道如佛法」[12] 又有詩云：

　　　　「學詩當如初學禪，未悟且遍參諸方。
　　　　　一朝悟罷正法眼，信手拈出皆成章。」[13]

---

[12]　轉引自：〔南宋〕嚴羽著，張健校箋，《滄浪詩話校箋》，〈詩辯〉，頁 11。

[13]　參見：〔北宋〕韓駒，〈贈趙伯魚〉：

之後吳可（思道，?-?，1109 大觀三年進士）亦有〈學詩詩〉七絕詩三首：

「學詩渾似學參禪，竹榻蒲團不計年。
　直待自家都了得，等閒拈出便超然。」、

「學詩渾似學參禪，頭上安頭不足傳。
　跳出少陵窠臼外，丈夫志氣本衝天。」、

「學詩渾似學參禪，自古圓成有幾聯？
　春草池塘一句子，驚天動地至今傳。」。[14]

龔相（聖任，?-?，1153 任華亭知縣）亦有〈學詩詩〉七絕詩三首：

「學詩渾似學參禪，悟了方知歲是年。
　點鐵成金猶是妄，高山流水自依然。」、

「學詩渾似學參禪，語可安排意莫傳。
　會意即超聲律界，不湏鍊石補青天。」、

「昔君叩門如啄木，深衣青純帽方屋。
　謂是諸生延入門，坐定徐言出公族。
　爾曹氣味那有此，要是胸中期不俗。
　荊州早識高與黃，誦二子句聲琅琅。
　後生好學果可畏，僕常倦談殊未詳。
　學詩當如初學禪，未悟且遍參諸方。
　一朝悟罷正法眼，信手拈出皆成章。」
https://sou-yun.cn/Query.aspx ？ type=poem&id=528639&lang=t2023.03.31
點擊。

[14] 參見：〔南宋〕魏慶之著，《詩人玉屑》卷一，頁 7。

「學詩渾似學參禪，幾許搜腸覓句聯。

欲識少陵奇絕處，初無言句與人傳。」。[15]

嚴羽（?-1245?）在《滄浪詩話》中亦云：「論詩如論禪」、[16]「大抵禪道惟在妙悟，詩道亦在妙悟。」[17]詩與禪二者都是一種非理性之直覺體驗、一種對內心關照之精神活動。禪融於詩始於唐，大約在王維之時，到了宋朝蘇軾、黃庭堅（1045-1105）等更加以發揚光大。〔金〕元好問（1190-1257）亦云：「詩為禪客添花錦，禪是詩家切玉刀。」[18]擔當在其〈詩禪篇〉中亦云：「千古詩中若無禪，雅頌無顏國風死，惟我創知風即禪。」、「禪而無禪便是詩，詩而無詩禪儼然。」[19]在〈風響集序〉亦云：「若云禪，一字也無，烏得有集？非也！惟深於禪者，無說無文，禪也。橫說豎說，亦禪也。」、「詩文通禪，不過鏡花水月，在若有若無之間，非是句句不離僧相之謂詩文，此祖家之不欲禪忒多也。」、「有時以禪為詩文，說偈頌，而無偈頌氣。有時離禪為詩文說理事，而不為理事所障，是皆從得大解脫中來，非可以衲子伎倆測度也。」[20]

15　參見：〔南宋〕魏慶之著，《詩人玉屑》卷一，頁7。

16　參見：〔南宋〕嚴羽著，張健校箋，《滄浪詩話校箋》，〈詩辯〉，頁7。

17　參見：〔南宋〕嚴羽著，張健校箋，《滄浪詩話校箋》，〈詩辯〉，頁27。

18　參見：〔金〕元好問著，《元遺山詩集》，〈答俊書記學詩〉：「詩為禪客添花錦，禪是詩家切玉刀。心地待渠明白了，百篇無不惜眉毛。」。卷十四，頁14。

19　參見：〔明〕擔當著，余嘉華、楊開達點校，《擔當詩文全集》，《橛庵草》，〈詩禪篇〉，頁175。

20　參見：〔明〕擔當著，余嘉華、楊開達點校，《擔當詩文全集》，《橛庵草》，《序跋文論》，〈風響集序〉：「余甫冠時，即參本大師於昆明池上息陰軒中，見師經禪之暇，頗事柔翰，著作幾於盈几。余時業儒，雖捧誦之，未得其奧，然已知師之胸中武庫矣。及染剃結茅於雞山，欲求師著作一見，數年未遂。永曆甲午冬，有法潤、安仁二公，持師《風

將禪思與詩（偈頌）情統一起來。

　　而詩、禪、畫之統一，亦可追朔至王維，王維以禪入詩、以詩示禪，東坡更言王維「詩中有畫、畫中有詩。」[21]自唐、五代而至宋，逸格之文人畫大盛，文人以詩境入畫，並以詩題畫。到了南宋、元時，禪畫大興，梁楷、牧谿引領著大批佚名之禪畫家，留下了大量之禪畫，這些禪畫題有著名之禪師的偈、贊。明代之時，雖禪畫暫時消失，但隨著禪之世俗化、儒禪融合，禪詩、偈頌、畫贊更是合而為一，及至明末清初，禪畫再度興起之際，詩、禪、畫已是不可分。擔當更是一位被譽為「詩書畫三絕」之「禪師」，自是「詩中有禪意、畫中有禪境。」

　　響集》向余乞序。余以後進，誼不可辭。乃曰：「師固深於禪者，若云禪，一字也無，烏得有集？非也！惟深於禪者，無說無文，禪也。橫說豎說，亦禪也。」今觀師之詩，超於僧詩。凡僧詩皆以偈頌為能事，設使有句不禪，有等衲僧，讀之不甚欣快。此但知禪而不知詩者，難與言詩。為文亦然，而師無此病，何也？詩文通禪，不過鏡花水月，在若有若無之間，非是句句不離僧相之謂詩文，此祖家之不欲禪惑多也。……所以有時以禪為詩文，說偈頌，而無偈頌氣。有時離禪為詩文說理事，而不為理事所障，是皆從得大解脫中來，非可以衲子伎倆測度也。」，頁 373。

[21]　參見：蘇軾，《東坡志林》，卷五：「味摩詰之詩，詩中有畫；觀摩詰之畫，畫中有詩」，頁 47。

圖22:〈一筇萬里圖卷〉,紙本水墨,25.2 x 469 cm。引自:李昆聲主編,《擔當書畫全集》,圖三六。

圖為一長四米六九之橫軸卷軸,題款為「一筇萬里」,無題詩、贊,
卷末署:

　　　送用如兄遊江南
　　　　　擔當畫并款

卷首前方畫一身著風帽衣[22]之行人(禪者),向著前方小山崗後之
一山城行去,山城後方為一遼遠無際之遠山,畫面呈一平遠[23]之畫

---

[22]　禪僧、禪者之衣著。
[23]　參見:〔北宋〕郭熙(1020~1090),《林泉高致》,〈山水訓〉:「山
　　　有三遠,自山下而仰山顛,謂之高遠;自山前而窺山後,謂之深遠;自近

法。宛如一行腳之禪僧，參禪問道，行走於江湖。擔當另有〈題畫二十二首〉之十九：

「古往今來未得閒，空留柱杖在人間。
　世人不解投林意，強用丹青寫作山。」[24]

略同此畫卷之意，可作為此畫卷禪境之意解。

圖 23：〈山水行草詩文冊頁〉之二，紙本水墨，19.8 x 24.8 cm。引自：李昆聲主編，《擔當書畫全集》，圖五六。

山而望遠山，謂之平遠。高遠之色清明，深遠之色重晦，平遠之色有明有晦。高遠之勢突兀，深遠之意重疊，平遠之意沖融而縹縹緲緲。其人物之在三遠也，高遠者明瞭，深遠者細碎，平遠者沖澹。明瞭者不短，細碎者不長，沖澹者不大。此三遠也。」，頁 279。

[24] 參見：〔明〕擔當著，余嘉華、楊開達點校，《擔當詩文全集》，《橛庵草》，〈題畫二十二首〉，頁 350。

圖上無款，圖之情境類似上圖〈一笻萬里〉圖卷，只是圖由長卷圖卷改換成冊頁斗方，畫法由平遠改成深遠。此令人想起〔宋〕張無盡之詩偈：

「趙州八十猶行腳，只為心頭未悄然；
　　及至歸來無一事，始知空費草鞋錢。」[25]

尋尋覓覓，走遍天涯，驀然發現：禪就在眼前、禪就在自心中！

圖 24：〈山水人物冊頁〉之二，金箋水墨，33.2 x 50.8 cm，現藏於四川省博物館。引自：李昆聲主編，《擔當書畫全集》，圖六三。

圖左邊題：

---

[25] 《磐山牧亭樸夫拙禪師語錄》卷 2：無盡居士曰：「趙州（從諗，778-897））八十猶行腳，秖為心頭未悄然；及至遍參無一事，始知空費草鞋錢。」，（CBETA 2023.Q1, J40, no. B493, p. 505a24-26）。

仿黃子久　擔當

觀此圖時，不禁令人想起王維[26]之詩句：

「行到水窮處，坐看雲起時。」[27]

　　有詩佛之譽的王維，自幼從母親奉侍北宗禪普寂禪師，中年後皈依南宗禪荷澤神會禪師，晚年長齋素食，退朝回府之後，每焚香禪修靜坐。他的詩畫，其實不止如蘇東坡所讚之「詩中有畫，畫中有詩」，更多的是禪意盎然、禪境宛然，可言「詩中有禪意，畫中有禪境」。雖然王維之畫至今已不傳了，但王維仍留傳下來，不少禪意盎然之詩，吟咏著他的這些詩，不覺腦中浮現出一些禪境之畫，或於欣賞一些具禪意、禪境之繪畫，諸如徐渭、擔當、八大山人、石濤之一些畫作，常不自覺得吟詠出王維之詩句。

---

[26] 參見：法鼓人名資料庫，王維，699-759，字摩詰，號摩詰居士，又稱王右丞，盛唐自然詩派詩人。開元九年（721）進士，累官左拾遺給事中，後任監察御史，遷尚書右丞。歸隱後，共高僧遊，與裴迪等日談經典。曾皈依荷澤神會禪師，並從之參禪。工草隸，善詩畫，有「詩中有畫，畫中有詩」之譽。詩精巧，具禪味，以五律與絕句著稱，所作律詩與杜甫、李白並稱，詩與孟浩然齊名。有《王右丞集》。

[27] 參見：〔唐〕王維著，陳鐵民注譯，《新譯王維詩文集》，〈終南別業〉：「中歲頗好道，晚家南山陲。興來每獨往，勝事空自知。行到水窮處，坐看雲起時。偶然值林叟，談笑無還期。」，頁246。
另，又後世之禪師，經常於上堂提舉或用於回答禪子提問時，打的機鋒語。例如：《續古尊宿語要》卷3：「忽然踏破化城時如何？行到水窮處，坐看雲起時。」，（CBETA 2023. Q1, X68, no. 1318, p. 420a14-15 // Z 2:23, p. 491c16-17 // R118, p. 982a16-17）。

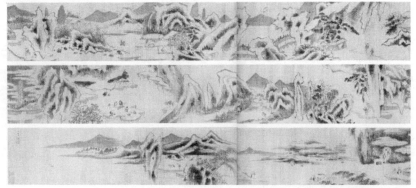

圖25:〈烟雲供養圖卷〉，紙本水墨，27 x 469 cm。引自:李昆聲主編，《擔當書畫全集》，圖三七。

圖為四米六九長之卷軸，卷首題款「烟雲供養　擔當」，圖上無題詩、贊，卷末只有窮款「擔當」；整卷圖畫呈現在煙雲變幻中之的峰巒與山川，其中有城墻、古寺、山寨、村民、漁船、旅人及文人聚會之場景，將自然風光與人文景觀融為一體。全圖山景以深遠之畫法、深邃幽遠、雲煙繚繞。

擔當有詩云：

「對爾青山面欲開，案頭殘墨盡成苔。
　不須更借王維手，自有烟雲供養來。」[28]

---

[28] 參見：參見：〔明〕擔當著，余嘉華、楊開達點校，《擔當詩文全集》，《翛園集》，〈天游曲〉七首之五，頁128。

董其昌嘗云：米友仁、黃公望等，南宗逸筆水墨畫家之所以長壽，是受到其畫中之「烟雲供養」，[29] 其實是彼等畫師個性蕭疏、心懷淡泊之故。身為董其昌之弟子的擔當，自然亦受到董所言之「烟雲供養」之說，然作為開悟之禪師畫家之擔當，「胸懷淡且虛，鴻濛兆於此。」，擔當對此更是有其禪悟之境界。

圖26：〈趣冷人閑冊頁〉，紙本水墨，17.5 x 22.8 cm。引自：李昆聲主編，《擔當書畫全集》，圖五二。

圖27：〈趣冷人閑冊頁〉之四，紙本水墨，17.5 x 22.8 cm。引自：李昆聲主編，《擔當書畫全集》，圖五二。

---

[29] 參見：〔明〕董其昌著，屠友祥校注，《畫禪室隨筆》卷四：「黃大癡九十而貌如童顏，米友仁八十餘神明不衰，無疾而逝。蓋畫中煙雲供養也。」，頁218-219。

圖 28：〈趣冷人閑冊頁〉之七，紙本水墨，17.5 x 22.8 cm。引自：李昆聲主編，《擔當書畫全集》，圖五二。

圖 29：〈趣冷人閑冊頁〉之二十一，紙本水墨，17.5 x 22.8 cm。引自：李昆聲主編，《擔當書畫全集》，圖五二。

圖 30：〈趣冷人閑冊頁〉之二十二，紙本水墨，17.5 x 22.8 cm。引自：李昆聲主編，《擔當書畫全集》，圖五二。

冊頁之末頁，圖左邊有清末雲南學者趙藩（1851-1927）之題跋：

> 胸羅造化
> 筆畫雲煙
> 惜墨潑墨
> 純任自在
> 　　藩贊 [30]

擔當另有詩云：

---

[30] 擔當另有一畫冊〈山水墨稿〉冊頁之末頁亦題有此贊，唯署名改題為：石禪贊。（按：趙藩號石禪老人）。

> 「一自離塵土，杖從雲外孤。
> 　人閑山必瘦，只為色全無。」[31]

禪者之境超越了世俗之羈絆，禪境枯寂、空濛、冷清，心無罣礙，真可謂之「趣冷人閑」也！擔當有詩云：「大半秋冬識我心，清霜幾點是寒林。」他的畫除了〈趣冷人閑冊頁〉外，尚有諸如：〈千峰寒色冊頁〉、〈踏雪尋梅圖軸〉、〈雪山行旅圖軸〉等，均畫境荒寒、冷逸、蕭條、淡泊，雲煙繚繞，深具禪境之深邃、不可言說之意境。擔當對形象之表現，大膽抽象、意象概括，筆墨錘鍊精簡，禪意盎然。〔清〕秦祖永（1825-1884）在《桐蔭論畫》中言：

> 「擔當和尚普荷，筆墨枯淡，畫仿顛米、迂倪，極有神韻。
> 於友人處，見一小冊，純用枯筆，有神無跡，而靈秀之氣，
> 騰溢紙上，此真寂寞之境，多著一點便俗，讀此真欲令人
> 擱筆。」[32]

於此書上方之空白處，有識者於此處眉批云：「畫境如此，真無筆不靈，無筆不趣，方能脫盡煙火氣。」[33]

---

[31] 參見：〔明〕擔當著，余嘉華、楊開達點校，《擔當詩文全集》，《序跋文論》，〈拾零〉，頁385。

[32] 參見：〔清〕秦祖永撰，《桐蔭論畫》二編上卷，〈釋普荷　逸品〉，頁460-461。

[33] 參見：〔清〕秦祖永撰，《桐蔭論畫》二編上卷，〈釋普荷　逸品〉，頁460-461。

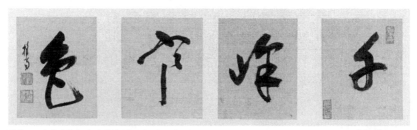

圖31：〈千峰寒色山水詩文冊頁〉（二十開），紙本水墨，22.9 x 34.5 cm。引自：李昆聲主編，《擔當書畫全集》，圖六十。

圖32：〈千峰寒色山水詩文冊頁〉之八，紙本水墨，22.9 x 34.5 cm。引自：李昆聲主編，《擔當書畫全集》，圖六十。

圖左邊題：

　　仿北宋人

　　畫面右方一山峰，峰顛平坦處有一茅棚，圖左一片雲煙茫茫，僅於遠方及近景下方微露數峰之頂。觀此圖不禁令人想起歸宗志芝（?-?，北宋人）禪師之詩：

「千峰頂上一茅屋，
　老僧半間雲半間。
　昨夜雲隨風雨去，
　到頭不似老僧閒。」[34]

圖 33：〈千峰寒色山水詩文冊頁〉之十六，紙本水墨，22.9 x 34.5 cm。引自：李昆聲主編，《擔當書畫全集》，圖六十。

圖中間前方有一披著風帽之禪者，趺坐在山頂之石頭上，隔著茫茫之雲霧，望著遠方之山巔。

---

[34] 《嘉泰普燈錄》卷 4：「廬山歸宗志芝庵主，臨江人也。壯為蕊藥，依黃龍於歸宗，遂領深旨。有偈曰：『未到應須到，到了令人笑。眉毛本無用，無渠底波俏。』未幾，龍引退，芝陸沈千眾。一日，普請罷。書曰：『茶芽蘿蔽初離焙，笋角狼忙又吐泥。山舍一年春事辦，得閒誰管板頭低。』由是衲子親之，芝不懌，結茅絕頂。作偈曰：『千峰頂上一間屋，老僧半間雲半間。昨夜雲隨風雨去，到頭不似老僧閒。』竟終于此山。」（CBETA 2023.Q1, X79, no. 1559, p. 315b18-c1 // Z 2B:10, p. 47b2-9 // R137, p. 93b2-9）。

圖左邊題：

　　仿元人意

此景不禁令人想起百丈禪師之最奇特事──「獨坐大雄峰」。[35]

圖 34：〈千峰寒色山水詩文冊頁〉之二十，紙本水墨，22.9 x 34.5 cm。引自：李昆聲主編，《擔當書畫全集》，圖六十

圖右上方題：

　　仿范寬

圖正中央畫一大片雲（留白），佔據了四分之一的畫面，此正是日本學者鈴木敬所言擔當畫雲之特色。

---

[35]　《五燈全書》卷 99：「僧問：『如何是奇特事？』（百）丈曰：『獨坐大雄峰』」，（CBETA 2023.Q1, X82, no. 1571, p. 572a12-13 // Z 2B:14, p. 467b18-c1 // R141, pp. 933b18-934a1）。

觀此圖令人想起陶隱居[36]之詩：

> 「山中何所有？嶺上多白雲，
> 　只可自怡悅，不堪持寄君。」[37]

嶺上雖有大片之白雲，只可自賞，正如同圜悟克勤之開悟偈所云：「只許佳人獨自知」，[38]禪悟中之境，無法語人，只能自知、自怡。

---

[36] 參見：法鼓人名資料庫，陶隱居（弘景、山中宰相，452-536）南朝齊梁道士、醫家。幼得〈葛洪仙傳〉遂生仙心。尚奇異，通陰陽、地理、醫藥。武帝即位，多與議政，時稱「山中宰相」。工書，擅行、草、隸。編《神農本草經》，補錄魏晉新藥，成《本草經集注》；另有《養性延命錄》、《陶氏效驗方》、《補闕肘後百一方》、《藥總訣》等。又稱「陶都水」，蓋其仙去後，嘗署蓬萊都水監。

[37] 〔南朝〕陶弘景，〈詔問山中何有賦詩以答〉，收錄入：《漢魏六朝百三名家集》，《陶隱居集》，頁3031。

[38] 《佛祖綱目》卷37：「陳提刑，詣（法）演問道。演曰：『提刑少年曾讀小艷詩否？有兩句頗相近：頻呼小玉元無事，只要檀郎認得聲。』提刑應諾諾。演曰：『且仔細。』（克）勤適自外歸，侍立次。問曰：『聞和尚舉小艷詩，提刑會否？』曰：『他只認得聲。』曰：『祇要檀郎認得聲。他既認得聲，為甚卻不是？』曰：『如何是祖師西來意？庭前柏樹子聻？』勤忽契悟。遽出見雞飛上闌干，鼓翅而鳴。復自謂曰：『此豈不是聲？』遂袖香入室，通所得。呈偈曰：『金鴨香銷錦繡幃，笙歌叢裏醉扶歸。少年一段風流事，只許佳人獨自知。』演曰：『佛祖大事，非小根劣品所能造詣，吾助汝喜。』」，（CBETA 2023.Q1, X85, no. 1594, p. 733a24-b9 // Z 2B:19, pp. 359d15-360a6 // R146, pp. 718b15-719a6）。

圖 35：〈踏雪尋梅圖軸〉，紙
　　　本水墨，98 x 52 cm。
　　　現藏於一擔齋。引自：
　　　李昆聲主編，《擔當
　　　書畫全集》，圖三五。

圖上擔當自題有贊曰：

　　　　何處有梅花？

　　　　借來白鼻驢。

　　　　尋得尋不得！

　　　　怕冷安歸家？

　　　　　　　　擔當

　　擔當以詩、畫寫梅，實以梅喻禪，尋梅譬若修禪，藉由公案、話頭，努力去參，躊躇、畏縮何得開悟？擔當另有多首與梅有關之詩，略舉二首於下：

　　　　「擔頭酒多[39]雪已降，行行覷見老梅椿。
　　　　　一枝兩枝折不盡，呼童恨不連山扛。」[40]、

　　　　「無事不尋梅，得梅歸去來。
　　　　　雪深春尚冷，一半到家開。」[41]

以梅喻禪，非擔當首創，歷來禪師多如是，早在唐時，無盡藏比丘尼（?-?）亦有開悟偈云：

　　　　「終日尋春不見春，
　　　　　芒鞋踏遍隴頭雲。
　　　　　歸來笑拈梅華嗅，
　　　　　春在枝頭已十分！」[42]

---

[39] 擔當雖為僧，然並不忌 / 戒酒，在其〈橛庵草跋〉中云：「僧詩若無姬酒，都是些豆腐渣、饅頭氣。」，另他在其詩集中亦有多處言及酒之詩。參見：〔明〕擔當著，余嘉華、楊開達點校，《擔當詩文全集》，《橛庵草》，〈橛庵草跋〉，頁 139

[40] 參見：〔明〕擔當著，余嘉華、楊開達點校，《擔當詩文全集》，《橛庵草》，〈題踏雪詠梅十首〉，頁 338。

[41] 參見：〔明〕擔當著，余嘉華、楊開達點校，《擔當詩文全集》，《序跋文論》，〈拾零〉，頁 385。

[42] 參見：《楞嚴經宗通》卷 5：「尼有悟道者。偈曰：『終日尋春不見春，芒鞋踏遍隴頭雲。歸來笑拈梅華嗅，春在枝頭已十分。」，（CBETA 2022.Q3, X16, no. 318, p. 835b16-18 // Z 1:25, p. 87b2-4 // R25, p. 173b2-4）。

與擔當同時代之元賢禪師（1578-1657）亦有此喻：（僧）問：「梅花漏洩春消息，花在枝頭，春在什麼處？」師云：「甕裏，何曾走卻鱉！」[43]

圖 36：〈千峰寒色山水詩文冊頁〉之十二，紙本水墨，22.9 x 34.5 cm。引自：李昆聲主編，《擔當書畫全集》，圖六十。

圖左上方題：

　　仿趙大年

　　擔當有詩曰：

43　《永覺元賢禪師廣錄》卷 8，（CBETA 2023.Q1, X72, no. 1437, p. 433b8-9 // Z 2:30, p. 249b18-c1 // R125, pp. 497b18-498a1）。

「地偏惟恐有人來，畫個茅堂戶不開。
　陵谷雖無前日影，老僧只點舊時苔。」[44]

王維亦有詩云：

「木末芙蓉花，山中發紅萼。
　澗戶寂無人，紛紛開且落。」[45]

有著同樣之禪境，「平常心是道」，[46]不管有人欣賞或無人讚嘆，
花開花落任運自然，了無罣礙，心中一片澄明。

---

[44] 參見：〔明〕擔當著，余嘉華、楊開達點校，《擔當詩文全集》，《橛庵
　　草》，〈題畫六首〉，頁293。

[45] 參見：〔唐〕王維著，陳鐵民注譯，《新譯王維詩文集》，〈辛夷塢〉，
　　頁515。

[46] 《圓悟佛果禪師語錄》卷6：「平常心是道，饑來喫飯困來眠。」（CBETA
　　2022. Q3, T47, no. 1997, p. 741a24-25）。

圖 37：〈趣冷人閑冊頁〉之二十，紙本水墨，17.5 x 22.8 cm。引自：李昆聲主編，《擔當書畫全集》，圖五二。

圖上無題。

觀此圖令人聯想起王維之詩：

「空山不見人，但聞人語聲。
　返景入深林，復照青苔上。」[47]

禪修中雖身處外境擾嚷，一時為外境所擾，然若能返觀自心，心中自現平和、寧靜，有如置身於靜寂之空山中，一切將返回空寂、幽靜，這就是曹洞宗之默照禪修──默而照之、照而默之。

---

[47]　參見：〔唐〕王維著，陳鐵民注譯，《新譯王維詩文集》，〈鹿柴〉，頁502。

第二節　擔當之人物畫

圖 38：〈人物騎驢斗方〉，紙本水
墨，21 x 23.5 cm。引自：
李昆聲主編，《擔當書畫全
集》，圖四七。

圖左上方草草寫著一竹石，圖中有一老者低著頭，漫漫著跨騎一
驢，似心有所思。圖左下方，署「擔當」窮款。

　　此圖不禁令人想起郁山主參「百尺竿頭如何進步？」之話頭，
漫不經心跨著驢，驢失足墮下而開悟之公案。[48]

---

[48]　參見：《五燈會元》卷6：「茶陵郁山主不曾行腳，因盧山有化士至，論
　　及宗門中事，教令看僧問法燈『百尺竿頭如何進步？』燈云：『噁！』，
　　凡三年。一日乘驢度橋，一踏橋板而墮，忽然大悟。遂有頌云：『我有神
　　珠一顆，久被塵勞關鎖。今朝塵盡光生，照破山河萬朵。』因茲更不遊方。
　　師乃白雲端和尚得度師，雲有贊曰：『百尺竿頭曾進步，溪橋一踏沒山河。
　　從茲不出茶川上，吟嘯無非囉哩囉。』」，（CBETA 2023. Q1, X80, no.

又自來禪宗多以騎驢、跨驢以喻修禪。諸如：《萬松老人評唱天童覺和尚拈古請益錄》卷2：

> 「近於大萬壽寺設水陸會，請萬松（行秀，1166-1246）小參。舉昔有跨驢人，問眾僧：『何往？』僧云：『道場去。』人云：『何處不是道場？』僧以拳毆之云：『這漢沒道理，向道場裏跨驢不下。』其人無語。人人盡道這漢有頭無尾，能做不能當。殊不知卻是這僧前言不副後語，汝既知舉足下足皆是道場，何不悟騎驢跨馬無非佛事？」[49]、

《古尊宿語錄》卷31另有：

> 「龍門（清遠、佛眼，1067-1120）道祇有二種病：一・是騎驢覓驢。二・是騎卻驢了不肯下。你道騎卻驢了更覓驢，可殺是大病！山僧向你道不要覓，靈利人當下識得。除卻覓底病，狂心遂息。既識得驢了，騎了不肯下。此一病最難醫，山僧向你道不要騎，你便是驢，盡大地是箇驢。你作麼生騎？你若騎，管取病不去。若不騎，十方世界廓落地。此二病一時去，心下無事，名為道人。復有什麼事？所以趙州問南泉和尚：『如何是道？』泉云：『平常心是道！』州從此頓息馳求，識得祖病、佛病，無不透得！」[50]。

1565, p. 137c5-11 // Z 2B:11, p. 110c9-15 // R138, p. 220a9-15）。

[49] 參見：《萬松老人評唱天童覺和尚拈古請益錄》卷2，（CBETA 2023. Q1, X67, no. 1307, p. 495c8-14 // Z 2:22, p. 440c14-d2 // R117, p. 880a14-b2）。

[50] 參見：《古尊宿語錄》卷31，（CBETA 2023. Q1, X68, no. 1315, p. 204a9-17 // Z 2:23, p. 280c12-d2 // R118, p. 560a12-b2）。

圖 39：〈頭陀圖軸〉，紙本水墨，86.5 x 48 cm。
　　　引自：李昆聲主編，《擔當書畫全集》，
　　　圖三。

圖上自題贊：

　　　頭陀老漢沒指題

　　　直以單情開法眼

　　　鈍蒂兒孫興棒喝

　　　不及一咲（按：笑）破天荒

　　　　　　擔當題

　　　畫面上一頭陀趺坐在石頭上，除其右後方置一鉢，左側一擔
當（一挑棒及隨身小包袱──三衣），之外空無背景。人物頭臉

筆畫稍工，鬘鬆之短髮，自在脫俗之神情，眉目表情清晰，衣服之線條簡單粗曠，有如宋、元之簡筆人物禪畫。此畫極似其自畫像，擔當另有一〈自題像贊〉（圖已佚失）中云：

> 「擔當老！擔當老！足健而跛，目健而眇，口似箝弓，手如鷹爪。須彌非大、芥子非小。好則也好，了則未了。法席掀翻，禪床推倒，且在糞堆裡打眠，漆桶中洗澡……渴來時，茶一甌；餓來時，飯一飽。不擔不得，擔之不甚草草……」[51]

由此贊文中可感知，擔當晚年禪悟之境，已超然脫俗、在俗而不染、不著；「飢來喫飯，困來打眠。」、[52]「平常心是道」。[53]

　　擔當自言其嗣法雲門湛然圓澄禪師，湛然圓澄禪師乃曹洞宗第二十七代傳人，法脈相傳，擔當之禪法自是正宗之曹洞禪法。其思想與禪法與臨濟宗有所不同，當然畫風自然與臨濟宗之畫風有所不同。曹洞禪法以靜、寂為宗，不同於臨濟禪以棒喝較激烈之禪法。以繪畫來講，曹洞宗以輕筆淡墨、蕭簡枯寂為主，而非如臨濟宗以潑墨狂掃、墨瀋淋漓為主。例如晚明稍早於擔當之徐渭（1521-1593）為臨濟宗楊岐派玉芝禪師之弟子，其畫筆線嶙峋、墨瀋淋漓。[54]而擔當身為曹洞宗之傳承，其畫恬靜安適、雲烟瀾濛。

[51] 參見：〔明〕擔當著，余嘉華、楊開達點校，《擔當詩文全集》，《橛庵草》，〈自贊〉，頁384-385。
[52] 參見：《大慧普覺禪師語錄》卷14，（CBETA 2023. Q1, T47, no. 1998A, p. 868a29）。
[53] 參見：《法演禪師語錄》卷2：「僧問南泉：『如何是道？』泉云：『平常心是道。』」，（CBETA 2023.Q1, T47, no. 1995, p. 657a23-24）。
[54] 參見：蘇原裕著，《徐渭——禪眼觀青藤大寫意畫》，頁34。

徐渭之大寫意禪畫，潑墨、破墨，墨瀋淋漓，有如臨濟禪之棒喝，痛快淋漓。擔當之山水畫之水墨、筆線，如行雲流水、雲煙繚繞，「老衲筆尖無墨水，要從白處想鴻濛」，宛如曹洞之默而照、照而默，昭昭靈靈。如同上之《頭陀圖》中擔當之題贊所云：興棒喝（臨濟）不及一笑（曹洞）破天荒。（按：臨濟、曹洞孰優孰劣？實乃因應個人之根基與因緣。筆者在此不予置評）

圖 40：〈繪釋圖軸〉，紙本水墨，117 x 45.4 cm，現藏於大理市博物館。引自：李昆聲主編，《擔當書畫全集》，圖十七。

右圖圖中畫有華嚴三大士，中上方為毗盧遮那佛，趺坐在蓮花座上；右下方為文殊菩薩趺坐獅子背上，左下方為普賢菩薩趺坐白象背上。

圖中央上方題贊曰：

這三大士，同口出氣。一串穿來，心心相遇。
佛在心頭，不來不去。入四空天，出人間世。
因果無差，在人有志。念佛為先，參禪猶次。
推轉法輪，了此大事。我乃佛茅，代佛授記。
在家出家，如是如是。

八十翁普荷

　　華嚴三聖圖，在華嚴經中以毘盧遮那佛及文殊、普賢菩薩合稱為華嚴三聖，毘盧遮那佛代表清淨法身佛，表示禪中之「言語道斷」、「不可說、不可說」之禪旨，而文殊菩薩代表「般若」、「智慧」，普賢菩薩則代表「行願」。此圖僅僅簡筆勾描出三個人物輪廓，筆線簡單，餘處空白無背景，全無佛菩薩之莊嚴、金碧輝煌之相，承襲了南宋以來佛菩薩簡筆白描之禪畫。

　　禪宗在唐末五代之後，逐漸世俗化，與淨土宗合流，走向禪淨雙修，永明延壽禪師[55]身為禪宗法眼宗之三祖，又被後世淨土宗推為第六祖，[56]他極力倡導禪淨雙修，在其「四料簡」中云：「有禪有淨土，猶如戴角虎，現世為人師，當來作佛祖。」[57]及至明清之際，明末四大僧，尤其是靈峰蕅益大師，[58]更是提倡禪淨雙修，

---

[55] 參見：法鼓人名資料庫，永明延壽（905-976），杭州慧日永明延壽智覺禪師，餘杭王氏。天台德韶（891-972，法眼文益之法嗣）禪師法嗣，大鑑下第十一世。初為吏，而立依龍冊寺翠巖令參出家，後往天台山謁德韶得旨。建隆二年（961），應吳越王錢俶之請，遷永明寺。倡禪淨雙修之道，指心為宗，四眾欽服。著有《宗鏡錄》、《萬善同歸集》、《神棲安養賦》、《唯心訣》等。法嗣有朝明津、子蒙等。

[56] 參見：《佛祖統紀》卷26：「蓮社七祖：始祖廬山辯覺正覺圓悟法師（慧遠。師道安法師）　二祖長安光明法師（善導云是彌陀化身）　三祖南岳般舟法師（承遠）　四祖長安五會法師（法照善導後身。師承遠師）　五祖新定臺巖法師（少康）　六祖永明智覺法師（延壽）　七祖昭慶圓淨法師（省常）」，（CBETA 2023. Q1, T49, no. 2035, p. 260c19-24）。

[57] 參見：《重訂西方公據》卷2：「禪淨四料簡　（宋）永明禪師撰：『有禪無淨土，十人九錯路，陰境若現前，瞥爾隨他去。無禪有淨土，萬修萬人去，但得見彌陀，何愁不開悟。有禪有淨土，猶如戴角虎，現世為人師，當來作佛祖。無禪無淨土，鐵牀并銅柱，萬劫與千生，沒箇人依怙。』」，（CBETA 2023.Q1, X62, no. 1180, p. 298c1-6 // Z 2:14, p. 343a12-17 // R109, p. 685a12-17）。

[58] 參見：法鼓人名資料庫，靈峰蕅益（智旭，1599-1655），淨土宗第九祖，鍾氏。初學儒，以聖學自任，作〈闢佛論〉數十篇。天啟二年（1622），從憨山之徒雪嶺剃度，命名「智旭」。後入徑山參禪，性相二宗，一時透

開悟之後仍是以念佛第一，參禪第二，
擔當亦如此。

右圖圖中簡筆畫三個駝背之人聚在一
起，並題詩曰：

圖41：〈三瘟圖軸〉，紙本水墨，
135 x 49 cm，現藏於昭
通地區文管所。引自：李
昆聲主編，《擔當書畫全
集》，圖二八。

> 叔瘟仲瘟與季瘟，
> 三個瘟瘟是一窩。
> 偶然相逢撫掌笑，
> 直人何少曲人多！
> 　八十翁擔當老人[59]

趙藩跋其左：

> 仲苓老弟得擔師此幀[60]索為加墨，
> 爰綴六言絕句曰：
> 滿肚憤時嫉俗，卻為時俗寫真。
> 莫負老僧棒喝，豎起脊梁做人。[61]
> 　甲寅正月旬劍川趙藩口占

徹。時見律學退廢，以興律為己任。既述《毗尼集要》。究心台宗諸部，
賢首、法相等學。歷於溫陵、海州、長水、新安，廣宏經教，而歸老於孝
豐靈峰，篤志淨土。有《梵網合註》等。

[59] 參見：〔明〕擔當著，余嘉華、楊開達點校，《擔當詩文全集》，《橛庵
草》，〈自題三瘟圖〉，頁282。

[60] 原字為「幀」之異體字：「巾＋宀＋登」。

[61] 參見：〔明〕擔當著，余嘉華、楊開達點校，《擔當詩文全集》，《橛庵
草》，〈題三駝圖〉，頁470。

　　1950 年南明永曆四年（清順治七年），擔當五十八歲時，亦作有一圖〈三駝圖軸〉（按：朱萬章云：此畫原藏晉寧徐家，今恐不存，頁 246。），圖上題：

> 伯駝仲駝與叔駝，
> 三個駝駝是一窩。
> 偶然相逢撫掌笑，
> 直人何少曲人多！
> 　　庚寅三月

　　以曲人喻迷人，以直人喻悟人。表現出擔當之雙重人格：一方面是遺民之悲憤心情，另一方面又以禪悟者之心力求放下不平之氣。正如同他在〈橛庵草跋〉中所言：

> 「……沙門之中，有沙門而士者，洪覺範（寂音，1071-1128）是也。觀其鞦韆等詩，非出士口不能。有士而沙門者，佛印（了元，1032-1098）是也。著作尤多，不可盡舉。若夫，沙門而士、士而沙門，則兼之矣。兼之者，非大力不能剗俗情而歸空劫……」。[62]

　　擔當身為遺民書生、又是出家之禪僧，於禪餘之暇，繪製此圖，表其既忿世嫉俗又悲天憫人之心境，乃「士而沙門」更兼「沙門而士」也。

---

[62] 參見：〔明〕擔當著，余嘉華、楊開達點校，《擔當詩文全集》，〈橛庵草跋〉，頁 139。

右圖圖上一棵老松，松下佇立一凝
視著遠方之老僧，身旁蹲臥著一頭
象。圖上題：

<blockquote>
永曆戊戌[63]九月
紹初壽圖
花甲再新
太平有象
　　擔當
</blockquote>

圖42：〈太平有象圖軸〉，紙本水墨，
116 x 55.6 cm。引自：李昆聲
主編，《擔當書畫全集》，圖一。

　　南明永曆帝在昆明的小朝廷，
曾使得已出家為僧之擔當，在已死
了的心靈中，燃起了一線希望，重
新引發了擔當身為大明儒生之一份
子的愛國熱忱，擔當曾經是一位有
崇高民族氣節的儒生，現時雖為身
在禪門之老僧，然遠眺望著前景，
心中懷著對大千世界芸芸眾生之觀
懷，與對國家社稷之期望的大乘佛
教本懷。擔當曾云：

> 「余滇人而布衣，而又衲子，而又亦在塵劫之中。處培塿
> 而干霄漢，則吾豈敢！惟是匡扶運會，大丈夫皆有其責。」

有著「士而沙門、沙門而士」的雙重人格。一方面忿世疾俗、痛
心國破家亡，另方面又悲天憫人、心懷眾生悲苦。

---

[63] 永曆戊戌，為南明永曆十二年，清順治十五年（1658），彼時擔當六十六歲。

第六章　結語

　　禪畫自南宋時期興起，梁楷開其濫觴之後，經牧谿及一批佚名之禪畫家繼起，到了元朝又有因陀羅、顏輝等加以發揚光大，達到了鼎盛，且東傳至日本，蔚然成風極其興盛。然在中國終究因其「逸筆草草」、「麤惡無古法」、「隨筆點墨而成，意思簡當，不費妝飾。但麤惡無古法，誠非雅玩。」、「僅可供僧房道舍，以助清幽耳。」受到文人士大夫之排斥，於明代初期就消失不見了，畫壇上繼之起而代之的是浙派、吳派/門、松江派等文人畫派。有明一代稱得上禪畫的僅晚明之徐渭的水墨大寫意花卉蔬果畫，[1]及明清之際擔當禪師的山水、人物畫而已。陳傳席在其《中國山水畫史》中亦云：「明代山水畫真正稱得上禪畫的只有擔當一人而已。」雖然在明末時有董其昌精於書畫、且其自言彼曾參「竹篦子話頭」有所悟，然而董其昌因身在官場中，功名、俗事未能放下，因而雖其對禪有所開悟，然其悟多半為「解悟」，他雖有「畫禪」、「畫分南北宗」之說，但就「畫和畫論之通禪，擔當就更內在、更深沉。蓋因董其昌之禪是自外而入，擔當之禪是自內而出。」擔當詩文、繪畫之禪意、禪境，起自於其內在之禪思。

---

[1]　參見：陳傳席，《中國繪畫理論史》，〈「舍形悅影」和「不教工處是真工」──徐渭論畫〉：「由南宋興起的禪畫到了明代，出現了新的局面，這就是大寫意畫。大寫意畫雖然是從禪畫直接發展而來，也仍有禪畫的意思，但內涵已豐富得多。開拓這一局面中最關鍵的兩個人物，一是陳淳，一是徐渭。……陳淳有開啟之功，徐渭有振起之績，大寫意畫遂形成一股強大的勢力。」，頁：158。

其畫作中多有禪意盎然，堪稱之為禪畫之作，這些畫作，上承宋元之禪畫，然因擔當身處西南邊陲地區，其名亦不傳於江南士人圈，在其後畫壇繼起之清初四僧[2]，僅石濤曾見到其畫而已，但石濤一見其畫，即驚嘆其「大有解脫之相」。[3]然之後歷經有清一代，亦無人問津，直至近現代才重新被人論及。黃賓虹云：「畫法虛處難於實處，其妙要從禪悟中來。」、李偉卿云其：「筆墨上，拙中藏巧、以少勝多；章法上，支離求全、散亂存理；造型上，單純簡潔、形神兼備；意境上，情融景中、意在畫外。」、孫太初云：「擔當的山水畫，筆墨和構圖，簡到無可再簡，高度概括。黑白之外，留給人許多想像不盡的意境。石濤和八大山人，猶不免著於跡象。」、[4]邢文亦云：「就藝術成就而言，擔當繪畫風格獨出，個性極強，是禪畫藝術的高峰；擔當論畫，深契畫道禪理，是美術史上以禪論畫最偉大的畫家。」、陳傳席更高度的評價擔當的禪畫，云其為：「明代山水畫真正稱得上禪畫的只有擔當一人而已」。

擔當生處於明末亂世，兵凶戰危、社會動盪、朝代更易之際，且其一生多蟄居於滇南，尤其是其下半生，為僧之後，足跡不出

---

[2]　清初四僧分別為弘仁（漸江，1610～1664）、髡殘（石溪，1612～1673）、八大山人（朱耷，1626～1705）、石濤（苦瓜和尚，1642～1707）等四人，彼等以僧名或字號行世，他們皆生逢明末清初的動亂時代，身為明朝遺民，避世出家為僧，都善書畫。

[3]　參見：石濤跋〈擔當山水立軸〉（現藏於榮寶齋）：「『春來無日不狂游，笑折名花插滿頭。一自為僧天放我，而今七十尚風流。』此念年前友人吳文南曾誦此詩，云是頭陀擔當所作，因想其了當處。今年壬午又六月，過劉小山年翁，壁間睹此畫，大有解脫之相，問之，曰：擔當老人也……識者但觀峰上下有獨得之意。」。轉引自：盧英碩論，《沙門而士，士而沙門：擔當山水畫略論》，頁34。

[4]　參見：孫太初撰，〈詩僧擔當的書法藝術〉，《中國書法》，1993年第2期。轉引自：朱萬章著，《擔當》，頁257。

大理雞足山、點蒼山，致使其聲名，不出於滇，少有人聞，其繪畫傳世不多，且流佈亦不廣，然其才冠於「五僧」之首、其繪畫洋溢著深邃的禪意，值得大家多加關注。

參考文獻

一、經典、古籍

「中華電子佛典協會」（Chinese Buddhist Electronic Text Association，簡稱 CBETA）電子佛典集成光碟，2023。

〔南朝〕陶弘景，《陶隱居集》，收錄入：《漢魏六朝百三名家集》，台北：博學出版社，1979。

〔唐〕王維著，陳鐵民注譯，《新譯王維詩文集》，台北：三民書局股份有限公司，2009.11。

〔唐〕李肇著，《翰林志》，收錄於明刊本《歷代小史》之十二卷，台北：臺灣商務印書館股份有限公司，1969.03。

〔唐〕張彥遠著，《歷代名畫記》卷十。收錄在《畫史叢書》（一），台北：文史哲出版社，1984.01。

〔北宋〕郭熙著，《林泉高致‧山水訓》，收錄於《宋人畫學論著》，台北：世界書局，2012。

〔北宋〕歐陽修撰，《歐陽修全集》，北京市：中國書店，1986 年。

〔北宋〕蘇軾著，《東坡志林》，王松齡點校，台北：中華書局，1981。

〔南宋〕魏慶之著，《詩人玉屑》，台北：臺灣商務印書館，1972.09。

〔南宋〕嚴羽著，張健校箋，《滄浪詩話校箋》，上海：上海古籍出版社，2012.12。

〔金〕元好問著，《元遺山詩集》，台北：清流出版社，1976.10。

〔元〕倪瓚著，《清閟閣全集》，收錄於《歷代論畫名著彙編》，台北市：世界書局股份有限公司，2011.12。

〔元〕夏文彥著，《圖繪寶鑑》，收錄於《元人畫學論著、六如畫譜》台北：世界書局，2011。

〔元〕莊肅著，《畫繼補遺》，收錄在《續修四庫全書・子部・藝術類》，1065冊，上海：上海古籍出版社。

〔元〕湯垕著，《畫鑑》，收錄於《歷代論畫名著彙編》，台北：世界書局，2011。

〔元〕黃公望撰，〈寫山水訣〉，收錄入：于安瀾編，《畫論叢刊》，北京：人民美術出版社，1962.08。

〔明〕徐弘祖著，黃珅注譯，《新譯徐霞客遊記》，台北：三民書局股份有限公司，2002.04。

〔明〕張溥編，《漢魏六朝百三家集》，台北：新興書局，1963.04。

〔明〕董其昌著，屠友祥校注，《畫禪室隨筆》，南京：江蘇教育出版社，2005.10。

〔明〕擔當著，余嘉華、楊開達點校，《擔當詩文全集》，昆明：雲南人民出版社，2003。

〔明〕釋通荷撰，《擔當遺詩》，收錄入：清代詩文集彙編　九，上海：上海古籍出版社，2010.12。

〔清〕秦祖永著，《桐蔭論畫》，收錄入：《無錫文庫》第四輯，V.4：23，南京：鳳凰出版社（原江蘇古籍出版社），2011.08。

〔清〕張廷玉編，《明史》，台北：臺灣商務印書館，《百衲本二十四史》2010.03。

〔民〕趙爾巽撰，國史館校註，《清史稿校註　五三六卷》，台北：臺灣商務印書館，1999。

二、專書著作

毛一波著，《南明史談》，台北：臺灣商務印書館，1970.03。

朱萬章著，《擔當》，北京：北京頌雅風文化藝術中心，2006.09。

李昆聲主編，《擔當書畫全集》，昆明：雲南人民出版社、雲南美術出版社，2001.08。

李昆聲著，《雲南藝術史》，昆明：雲南人民出版社、雲南美術出版社，2015.05。

孫太初編，《雲南古代石刻叢考》，北京：北京文物出版社，1983.12。

徐復觀著，《中國藝術精神》，台北：臺灣學生書局，1988.01。

陳傳席著，《中國山水畫史》，天津：人民美術出版社，2001.01。

陳傳席著，《中國繪畫理論史》，台北：三民書局，2018。

曾長生譯，〔荷蘭〕海倫・威斯格茲著，《禪與現代美術　現代東西方藝術互動史》，台北：典藏藝術家庭公司，2007

黃仁宇著，《萬曆十五年》，新北：台灣食貨出版社，1995.05。

劉大悲譯，〔日〕鈴木大拙等著，《禪與藝術》，台北：天華出版社，1994。

黎東方著，《細說明朝》，台北：傳記文學出版社，1983.12。

黎東方著，《細說清朝》，台北：傳記文學出版社，1983.12。

蘇原裕著，《因陀羅禪畫的研究──以寒山拾得繪畫為核心》，台北：致出版，2020.11。

蘇原裕著，《徐渭──禪眼觀青藤大寫意畫》，台北：致出版，2002.12。

〔日〕久松真一著，《禪と美術》，京都：思文閣株式會社，1977。

〔日〕東京國立博物館監修，《宋元の繪畫》，東京：東京國立博物館，1962。

〔NL〕Helen Westgeest, Zen in the fifties-interaction in art between east and west, Amsterdam: Waanders Publishers. 1996

三、論文、網路資源

尹增才，〈論擔當禪畫藝術的本真之美〉，玉溪師範學院學報，第 30 卷，
　　2014.08。

胡吉連碩論，《明遺民擔當書法研究》，首都師範大學，2009.05。

莊琇婷碩論，《晚明遺民擔當禪師詩畫研究》，逢甲大學中國文學系，
　　2010.06。

楊曉飛碩論，《洗盡鉛華布染塵　擔當畫學研究》，南京藝術學院，
　　2009.04。

盧英碩論，《沙門而士，士而沙門：擔當山水畫略論》，中國畫學院，
　　2009.05。

蘇原裕撰，〈試論宋元時期禪畫特質〉，《中華佛學研究》，第二十期，
　　頁 187-219，新北：中華佛學研究所，2019。

何創時書法藝術基金會雲端博物館。https://www.hcsartmuseum.com/
　　authors/9370/2023.05.02. 點擊。

法鼓，《人名規範檢索》，http://authority.dila.edu.tw/person/，2023。

https://sou-yun.cn/Query.aspx ？ type=poem&id=528639&lang=t2023.03.31
　　點擊。

四、引用圖像

〔明〕擔當著，佘嘉華、楊開達點校，《擔當詩文全集》，昆明：雲南
　　人民出版社，2003。

人間福報，httpswww.merit-times.comNewsPage.aspxunid=5724932023.04.
　　21 擷取。

李昆聲主編，《擔當書畫全集》，昆明：雲南人民出版社、雲南美術出版社，2001.08。

附錄

附錄一 〈槲庵草序〉

「詩以代言，重復古也。為世運關於聲歌者，代有明驗，苟聲歌
流而趨下，世運可知。由是操觚者，復古洵為要務，非僅恣吟弄
已也。慨自漢魏六朝以上，先達言之備矣，姑毋論。余從唐而概
之，有初盛中晚，繼唐而概之，宋元盛於律，而自成一家言。繼
宋元而概之，明之高、楊，應運而興，尚帶宋元習氣。至何、李
崛起，大雅正始，復還舊觀。至七子而再盛，有如長江始於岷嶓，
而匯於洞庭。噫！壯則壯矣，安能截其流，而使之不下注哉？於
是有好庾、鮑而排擊七子者出，專以近體為號召，使人易就。一
旦輒登壇坫，天下靡然嚮風，而詩亡矣。世運得不隨之？雖然，
即不排擊，法勝習陳，則又奈之何？當此之時，解人正不易得也。
於是雲間有唐、陳二老，起衰振雅，力挽狂瀾。還醇雖有其幾，
而解人猶不可得。何也？明季作家，大率重才輕養，猶學仙者，
知有還丹，而不言火候，自誤誤人非小，可不慎哉！余滇人而布
衣，而又衲子，而又亦在塵劫之中。處培塿而干霄漢，則吾豈敢！
惟是匡扶運會，大丈夫皆有其責。聊就我所學，就我一家言，除
年來患難焚溺之外，又除有類偈頌者不入；有類香奩詩餘者不入；

有悲歌慷慨，觸時忌者不入；不啻十去其九矣。況年逾七十，方敢災木。無他，專為復古計耳。若捨大雅正始，謂不得不流而趨下者，乃時為之，則砥柱無人，黃虞終不復再見矣。其如世運何？是編，志有餘而學力未逮，且薰染既久，自拔猶難。其中豈無妖淫靡漫，欲違時而不覺淪於時者。願海內大方，鑒余培養元氣之思，重加塗置，雖覆瓿所不恤也。通荷自序。」

引自：〔明〕擔當著，余嘉華、楊開達點校，《擔當詩文全集》，《橛庵草》，〈橛庵草序〉，頁137-138。

附錄二　〈橛庵草跋〉

「禪若分淨穢，將乾屎橛、布袋裡豬頭，置於何處？非禪也。僧詩若無姬酒，都是些豆腐渣、饅頭氣。名為偈頌，非詩也。此與王北中郎（按：王坦之，330-375），有〈沙門不得為高士論〉，不可同年語也。何也？沙門之中，有沙門而士者，洪覺範是也。觀其〈鞦韆〉等詩，非出士口不能。有士而沙門者，佛印是也。著作猶多，不可盡舉。觀其口頭俳語，具見宗風。博學如東坡，開口即讓一籌，但曰沙門單也。若夫沙門而士，士而沙門，則兼之矣。兼之者，非大力不能。剿俗情而歸空劫，又何怪中郎之著論耶？後世則湛然雲門和尚，偈頌中頗有風雅遺意。余昔公車事竣，參和尚於會稽顯聖寺中，覿面相承，授以禪旨。因有母在堂，不能染剃相隨，只得回滇以供定省。及母養告終，海內遂多事矣。間關伊阻，不能飛度中原，受衣鉢於大老。不得已，就近參求，以終未了之志。前名普荷，從戒師無住，遵戒而不嗣法也；今名通荷，從先師雲門，嗣法而遵正眼也。通荷識。時年七十六。」

引自：〔明〕擔當著，余嘉華、楊開達點校，《擔當詩文全集》，
《橛庵草》，〈橛庵草跋〉，頁139。

附錄三　〈自述詩〉

「我祖質肅公，曾為宋名臣。垂老乞骸歸，家於浙之湄。
題標友恭里，歷代產哲人。明初徙滇晉，祖訓儒術真。
本支世相衍，世膺美緣綸。迨余丕無似，忭僻長素修。
尚論慕隱淪，欲為執鞭謀。黽勉事紙筆，橫襟在千秋。
俯就明經職，脆下不可留。聊此借公車，實從五岳游。
為不需一命，偏將名勝搜。交游極寰宇，詠歌滿滄州。
放浪莫知返，常貽高堂憂。嗟余鮮兄弟，定省無與儔。
及歸牽母衣，每聞笳仕愁。慷慨呈公具，刺向當事投。
願學古沈冥，永以布衣休。不屢長安道，終養可九周。
母躋八十一，坐脫返自然。余欲續舊盟，時事紛多端。
雖有向平志，其如杖難前。回首念垂白，益復增悵焉。
五女無一子，似續徒潸潸。發憤出火宅，染剃事竺乾。
干戈日未靖，余志日益寒。隱於雞山嶺，足遂縛於滇。
閱覽一大藏，不啻三百篇。山川容我老，吟弄年復年。
欲焚焚不盡，恥為木石愆。誰知秋蟬鳴，響在聲之先。
有耳聽莫解，不誣為騷禪。茲去一悠哉，忽復歸渾元。」

師此詩，敘家世出處標格趣向，詳盡無餘，可作師自傳讀。引自：
〔明〕擔當著，余嘉華、楊開達點校，《擔當詩文全集》，附錄四，
方樹梅撰，《擔當年譜》，〈自述詩〉，頁524-525。

國家圖書館出版品預行編目

畫中無禪 惟畫通禪：擔當及其繪畫之禪思 / 蘇
原裕著. -- 臺北市：致出版, 2023.12
　　面；　公分
　　ISBN 978-986-5573-72-0(平裝)

　1.CST: 禪宗 2.CST: 佛教藝術

226.6　　　　　　　　　　112019739

畫中無禪　惟畫通禪
──擔當及其繪畫之禪思

作　　者／蘇原裕
出版策劃／致出版
製作銷售／秀威資訊科技股份有限公司
　　　　　114 台北市內湖區瑞光路76巷69號2樓
　　　　　電話：+886-2-2796-3638
　　　　　傳真：+886-2-2796-1377

網路訂購／秀威書店：https://store.showwe.tw
　　　　　博客來網路書店：https://www.books.com.tw
　　　　　三民網路書店：https://www.m.sanmin.com.tw
　　　　　讀冊生活：https://www.taaze.tw

出版日期／2023年12月　　定價／300元

致 出 版
　　　　　　　　　　　　　　向出版者致敬